周国平
————主编

书话坪山

READ PINGSHAN
with Books Thematic Salon

商务印书馆
创于1897 The Commercial Press

图书在版编目(CIP)数据

书话坪山/周国平主编.—北京:商务印书馆,2021
ISBN 978 - 7 - 100 - 19952 - 0

Ⅰ.①书… Ⅱ.①周… Ⅲ.①社会科学—文集
Ⅳ.①C53

中国版本图书馆CIP数据核字(2021)第 094598 号

书话坪山

周国平 主编

商 务 印 书 馆 出 版
(北京王府井大街36号 邮政编码100710)
商 务 印 书 馆 发 行
北京中科印刷有限公司印刷
ISBN 978 - 7 - 100 - 19952 - 0

2021年11月第1版 开本 880×1240 1/32
2021年11月北京第1次印刷 印张 9⅝
定价:88.00 元

坪山图书馆外景

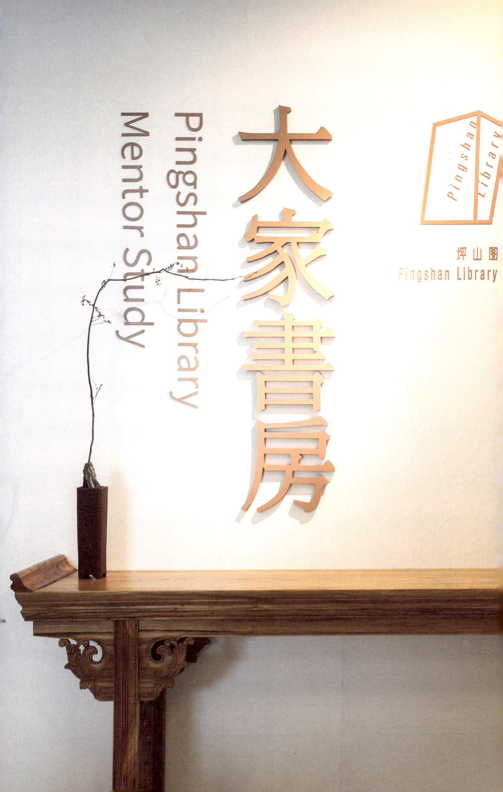

大家书房

大家书房：周国平书房

馆仪式

时间
2019年3月23日
9:30-10:30

地点
坪山图书馆
深圳市坪山区坪山街道
汇德路坪山图书馆

主办
中共深圳市坪山区委员会
深圳市坪山区人民政府

开馆仪式

"书话坪山"主题沙龙

活动现场

周国平

韩少功

卢秋田

林铭述

朱青生

葛剑雄

王小慧

周国平

郑培凯

莫砺锋

陆建德

（左上）主题：尼采，一位另类又伟大的
　　　　哲学家

（右上）主题：人工智能与文学

（右下）主题：工匠精神与文化品格

左上｜右上
左下

（左上）主题：用灵魂去摄影
　　　　　　——与众不同的拍摄方式
（右上）主题：中国当代艺术的现状与问题
　　　　　　——以《中国当代艺术年鉴》为例
（左下）主题：移民与城市品性

（左上）主题：跨界与艺术，
　　　　一种新的生活方式
（右上）主题：哲学第一课
（右下）主题：文学经典与昆曲雅化

（上）主题：唐宋诗词的现代意义
（下）主题：反传统的《围城》

爱书人聚坪山

——《书话坪山》序

中国南方有一座城市叫深圳，这你当然知道，深圳有一个区叫坪山，这你多半不知道了。现在我就来和你说说坪山，说说这本《书话坪山》。

坪山是深圳的一个新行政区，我原先也不知道它。从两年半之前开始，我与它有了最紧密的联系，缘由是我受聘担任了新成立的坪山图书馆的首任馆长。我从来是一介布衣，一个书生，刚获知这个聘任的邀请时，不免感到意外，但是，到坪山走了一趟，我立刻欣然从命。

深圳是中国最年轻的城市之一，坪山又是深圳最年轻的行政区，给我的感觉是生机勃勃、前途无量。我见到的官员，皆思想开放、谈吐优雅、充满活力，令我眼前一亮，觉得十分投缘。在这样的氛围中工作，心情该多么舒畅。区领导把文化建设作为全区发展的重点，又把图书馆建设作为文化建设的重点，我从中看到的是远见和情怀。受到这般信任，参与这个重点中的重点的建设，我深感荣幸。

图书馆是人类最古老的文化事业之一，图书馆的历史与人类有文字记载的文明史基本同步。人类创造的精神财富，绝大部分是以书籍的形式保存在图书馆里的。图书馆也是一个民族最踏实、最仁慈的文化事业，一个民族的文化自信，很大程度上体现在是否拥有历史悠久、品质优良的图书馆上。作为一个城市、一个地区，是否拥有一个藏书精当、使用效率高、受当地群众喜爱的公共图书馆，是衡量这个城市和地区整体文化水平的一个可靠标志。我相信，坪山图书馆一定能够办成这样一个图书馆。

就我本人来说，我一生受益于图书馆，受益于书籍，对图书馆深怀感恩之心。长期担任阿根廷国家图书馆馆长的大作家博尔赫斯有一句名言：天堂应该是图书馆的模样。这句话形象地说出了爱书人对图书馆的情感。人生最好的境界，是心灵的丰富、愉悦、宁静，要进入这个境界，最有效、最简单、最不花钱的方法，就是在图书馆里坐下来，翻开一本书读之。图书馆是我少年时代梦想开始的地方，我是在书籍的熏陶下形成自己的人生理想和价值观，成为今天这样一个我的。我一直是图书馆的受惠者，现在让我当这个馆长，正是给了我一个机会，使我得以回报社会，通过我的工作，让广大的人群成为受惠者。

自从受聘为馆长，我一直在问自己：我能为坪山图书馆做什么？我的什么阅读经验和资源可以与一个公共图书馆的文化需求对接？思考的结果是，我的工作重点应该放在大众阅读的组织和引导上面，让经典走进大众，让阅读成为时尚。图书馆不只是一个存放和借还图书的物理性实体，它更应该是一个营造阅读风气和培养读书品位的精神性主体。图书馆应该主动做事情，不但要满足公众现有的需求，而且要创造新的更美好的需求。

我给坪山图书馆拟定的办馆宗旨是：开启人生的智慧，传承精神的高贵。这句话概括了阅读的价值。其中，开启人生的智慧是横向的，面对现实世界和人生，通过阅读培育正确的人生观和价值观；传承精神的高贵是竖向的，面对历史和未来，通过阅读继承和发展中国以及人类的优秀精神传统。那么，开启智慧的钥匙在哪里？精神传承的血脉在哪里？主要就在经典作品和优秀书籍里。这是一个宝库，图书馆的责任是引领广大读者走进这个宝库，享受这个宝库。

依据这样的认识，我们在配书上特别重视品质。我提出的要求是好书一本不漏，坏书一本不进，中外经典名著和当代优秀书籍尽可能配齐。在图书馆的入口近旁，有一间宽敞的玻璃墙屋子，名为星光书屋，陈列重点推荐书籍，包括我推荐的哲学经典著作，国内外权威图书奖项的获奖书籍，权威排行榜的推荐书籍，等等，以方便读者借阅。与此同时，我们举办了一系列面向公众的讲座和读书活动，内容丰富多彩。由我主持的经常性项目有："大家书房"会客厅，邀请国内人文、社科、艺术等不同领域的文化大家入驻，各人设专门区域展示其作品和所推荐的书籍，并且不定期地举办读者见面会；"和周国平共读一本书"活动，一至二个月共读一本经典，我讲课一次，鼓励读者写读书笔记，我择优做点评；"书话坪山"主题沙龙，邀请全国和本地区学者、作家以及不同领域有作为、有思想的人士做讲座和互动。

现在你看到的这本书，就是从"书话坪山"主题沙龙举办的讲座中选出的实录文本，主讲人有作家韩少功，外交家卢秋田，艺术家林铭述、朱青生、王小慧，学者葛剑雄、郑培凯、莫砺锋、陆建德，当然还有我本人。由这些文本，你或许可以略微感受到坪山的文化气象。

我喜欢深圳，喜欢坪山。深圳的改革开放，迈步最早，步子最大最稳，成果最扎实。改革开放不只是经济活动，人的素质是根本。作为新兴的移民城市，深圳人来自全国各地，有理想，有朝气，有闯劲。深圳人是爱文化、爱读书的。在全国城市居民中，深圳人的购书量居于首位。我的公众号"粉丝"中，深圳读者的数量也是名列前茅。每次到深圳做读书活动，眼前满是洋溢着热情和欢笑的年轻脸庞，令我备感温暖。现在，在书香鹏城，坪山已成为新的文化亮点。我曾经说，我希望看到的情景是：坪山人爱读书，爱书人聚坪山。这个情景正在呈现。在坪山图书馆里，不同年龄的坪山人在安静地读书，在专注地倾听来自深圳和全国的爱书人侃侃而谈。

最后我想说，坪山图书馆是值得你来观摩一下的。这是一座设计新颖的九层建筑，坐落在风景如画的中心花园里，内外环境皆优美。不久前，国际图书馆协会联合会（IFLA）公布了2021年绿色图书馆奖最终入围名单，全球只有四家，中国只有一家，就是坪山图书馆。

欢迎你来坪山。相约坪山，我们在坪山见！

周国平

2021 年 7 月

写在《书话坪山》书前

　　"书话坪山"是坪山的一档读书品牌活动。最早的一期在2018年"4·23"世界读书日，修缮活化的80年老建筑坪山城市书房·南中学堂开幕的时候，主讲吴晞、南兆旭。当年11月的深圳读书月，"书话坪山"举办了第二期，在坪山老美术馆（今坪山美术馆公园馆）二楼展厅，主讲吴晞、徐雁、周立民，主持人胡洪侠，主题为"凝聚阅读之光"，后来一直延续的视觉设计出自平面设计师韩湛宁。

　　位于坪山文化聚落的坪山图书馆，2018年8月进行了公共文化机构改革，面向全国公开遴选馆长。2018年11月，著名哲学家周国平受聘馆长。

　　2019年1月，周国平馆长在坪山创新广场做了第一次"书话坪山"。2019年3月23日坪山图书馆开馆，二楼公共阅读文化体验馆东区空间辟为讲座区，"书话坪山"正式移师图书馆。坪山图书馆矢志当作一所大学、一个文化品牌的孵化器和能量源、一个市民群众的精神家园来办，书话坪山一月一期，大家云集，一时谈笑皆鸿儒，往来俱言书。

坪山图书馆后有"坪山夜话""明新大课堂""大家书房会客厅"等多个品牌活动，各有定位，"书话坪山"是最"重"的。讲座专家的选择有不成文的"标准"，综之，大抵有三：为学问深邃学界公认者、为品格贵重无人置喙者、为经历传奇足堪益人者。因而这些讲座，实际可从中观照学问人生，亦企发人省思何以为有学问者。

坪山，位于深圳东北部深莞惠交界，2017 年 1 月 7 日正式建立行政区。坪山文化聚落为坪山文化场馆综合体，2019 年 3 月起，坪山图书馆、美术馆、大剧院等陆续开幕。

历史往往是"选择性记忆"，因而当下的记录是必要的。此为序，亦可谓"补录"，包括记下"书话坪山""史前"的一点事，以之为后者视今。

吴筠

2021 年 9 月 5 日

目 录

尼采,一位另类又伟大的哲学家

周国平[*]

我今天只有一个身份——坪山图书馆馆长,别的都不相关。我很高兴第一次以坪山图书馆馆长的身份来做这个活动。我是很喜欢深圳的。深圳和坪山的读者给我留下了特别好的印象,非常热情、爱读书。

今天的讲题很专业,其实是坪山区委宣传部部长吴筠给我指定的。我从事哲学研究一辈子了。我 17 岁进北京大学哲学系,毕业后在广西工作了十来年,然后参加第一届研究生考试考回了

---

* 坪山图书馆馆长,著名哲学家、作家、学者、中国社会科学院哲学研究所研究员。曾任中国国家图书馆顾问、湖北省图书馆名誉馆长。连续多年受邀担任中国国家图书馆文津图书奖评委。著《尼采:在世纪的转折点上》《尼采与形而上学》,散文集《守望的距离》《各自的朝圣路》《安静》《善良丰富高贵》,纪实作品《妞妞:一个父亲的札记》《岁月与性情——我的心灵自传》《偶尔远行》《宝贝,宝贝》,随感集《人与永恒》《风中的纸屑》《碎句与短章》,以及《人生哲思录》《周国平人文讲演录》等;译《尼采美学文选》《尼采诗集》《偶像的黄昏》等。

北京的中国社会科学院，仍然是研究哲学，后来留在哲学研究所。回头看，这可以说是一辈子了。我的主要专业是研究德国哲学，重点研究尼采哲学。所以这个对我来说是我的专业。

其实西方哲学家非常多，而我最喜欢尼采。我的专业和我的爱好是完全一致的。虽然尼采是我的专业，但是我很多年没有把尼采作为讲题了，也很多年没有做过关于尼采的讲座了，起码有十年了。在20世纪80年代和90年代的时候，我还做过不少关于尼采的讲座，那个时候尼采很热。我还清楚地记得我第一次讲尼采是在北京大学办公楼礼堂，那次经历真是我终生难忘的。那个时候我写的关于尼采的书是《尼采：在世纪的转折点上》，还没有出版，但已经写完了。我在北京找了5家出版社，但没有一家敢出此本，觉得书写得很好，但是不敢出。以前中国对于尼采是完全否定的，因为我们跟着苏联的调子走，给他扣了两顶帽子，一顶是法西斯主义的思想先驱，另一顶是反动的唯心主义唯意志论。我的这本书非常热情地肯定了尼采，所以好多地方都不敢出版。这本书还没有出的时候北京大学邀请我去做讲座，我刚在讲台上坐下来就停电了，现场一片黑暗，于是主持人就在台上给我点了一根蜡烛。台下是一片漆黑，但也是一片肃静。我在那里讲，有近千个座位坐满了听众，但是我看不到他们，他们只能看到一根蜡烛。我讲完以后电力故障排除了，灯火通明，全场一片欢呼。我当时讲的时候面对黑暗，我知道有一千个人在听，感觉自己在"布道"，非常有意思。那个年代很有意思，你们都很年轻，可能不知道那个时候的状态。1985年我做了那次讲座，1986年书终于出版。当时出版此书还是比较轰动的，因为那个时候没有图书炒作这一说。现在一本新书出版后，一些出版社会花很大力气来炒作、宣传，而这些那个时候是没有的。上海人民出版社终于决定出版这本书，而且真的出版了。此书首印的一万册很快就卖完了，不久，重印的一万册又卖完了，一年之内卖了十万册，这在当时已经是非常大的数字了。这本书出版以后读者的来信像雪片一样飞来。那时候没有手机，也没有互联网，都是手写的信。我在哲学研究所工作，每个星期去上一次班，每次上班都会带回家一沓来信，都是读者来信，其中还有求爱的信。那个时候的气氛就是这样，不光是尼采大受追捧，而且在当时的青年人的心目中，尼采、弗洛伊德、萨特都是偶像，都让人崇敬。谈恋爱的小伙子去见女朋友，手上要是没有拿一本尼采的书，女朋友会嫌他没文化，就是那样一种气氛。我回顾那个时代的时候用了一个词来概括它，叫作"精神浪漫"。在那个精神浪漫的时代，人们对思想、对思潮感兴趣。不管读得懂读不懂，去读这些书是有品位的，就是那样一个感觉。

那是 1986 年，距今已 30 多年，我们这代学者在那个时候还算是比较年轻的。那本书出来的时候我已经 40 岁，其实不算年轻了。但是那个时候我真的感觉自己浑身充满精力、前途无量，可以做很多很多事，就是那种感觉。现在，我们这代人都已进入老年，但是我感觉时代比我们老得更快。那个时代是精神浪漫的时代，现在这个时代是物质浪漫的时代。物质、时尚这些东西占据了最主流的地位，金钱是最性感的，绝对轮不上哲学。但是，我相信一点，不管什么时代，年轻人都是天然的浪漫主义者，每个年轻人心里都有精神浪漫的渴望。我知道这个时代里你们生存的压力比较大，但是这种压力不可能把你们精神浪漫的渴望都给磨灭了。我经常跟年轻人说，现在是一个 70 岁的"青年"在对你们说话。我希望你们不要成为 20 岁、30 岁或 40 岁的"老人"。

我为什么讲尼采？因为尼采的心灵就是年轻的。尼采最大的特点是什么？我觉得他有两个特点，一个是有强健的生命本能，充满生命活力，另一个就是有高贵的精神追求。可以说这两点可以让人永葆青春，我希望你们也成为这样的人。

今天我还是做了准备的。作为馆长第一次做讲座我很认真，写了五页提纲，而一般的讲座我最多写一页提纲。我看一小时可能讲不完，湛宁（主持人）可以随时打断我。我想在尽可能短的时间里，把我对尼采的了解中最重要的东西概括地说一说。我说四点，四个问题，但是能不能说完我不知道，说不完我下次继续说。

第一点，我先跟大家介绍一下尼采的生平和个性。尼采这个哲学家和一般的哲学家不一样，他的哲学和他的个性是密切联系在一起的，他的哲学充分体现了他的个性。所以你要了解他的哲学，就要对他的生平和个性有所了解。尼采的生平很简单。他 1844 年出生在德国东部一个叫洛肯的村庄。他的一生大概可以分为几个阶段。24 岁以前是一个阶段，就是从童年到上学再一直到毕业。他上的大学是莱比锡大学，主要的专业是古典语文学，相当于我们的国学，是研究古希腊和古罗马文献的。24 岁到 34 岁的时候，他在瑞士巴塞尔大学当教授，古典语文学教授。34 岁从教授职位辞职，开始了他在欧洲各地的漂泊生活，这种状态一直到 44 岁。每个阶段都是 10 年——24 到 34，34 到 44。44 岁的时候他得了精神病，疯了，直到 1900 年去世。他活了 56 年，但是这 56 年中有 10 年多一点时间是在精神病的黑暗里度过的。

下面就结合他的生平谈谈他的个性。他的个性中有三个最大的特点。第一个特点是敏感、忧郁、悲观。尼采是个哲学家，但是他是一个具有诗人气质的哲学家，内心非常敏感。这和他内向的天性有关系，但是也和他小时候的经历有关系。他出生在一个牧师家庭，父亲是牧师，但他 5 岁时父亲就去世了。这件事情给他很大的刺激。父亲去世以后不久，他做了一个梦，梦见他父亲的坟墓打开了，穿着牧师衣服的父亲从里面出来，走到教堂里，从教堂的讲台上抱起一个孩子，然后回到坟墓，坟墓又合上。抱起的这个小男孩是尼采的弟弟。这个梦以后没几天他弟弟就死了，家里就剩下母亲和妹妹。这件事情给他的刺激非常大。从 10 岁开始，尼采就喜欢写诗，写了很多诗。我翻译过一本尼采诗集，收录了尼采的 296 首诗，其中有 17 首是他 10 岁到 14 岁写的，是他少年时代的作品。这些作品全是悲观的，主题就是父亲的坟墓、教堂的钟声、幸福的虚幻，差不多都是这样一些题目。我可以给大家背两首。一首是这样写的：树叶从树上飘落，终被秋风扫走，生命和它的美梦，终成灰土尘垢。生命和美梦都是一场空。另一首：当钟声悠悠回响，我不禁悄悄思忖——我们全体都滚滚，奔向永恒的故乡。他想到人在人世间是暂时的，终究都有一死。

少年尼采始终被这样一个问题折磨：既然生命那么飘忽，那么短暂，那人生到底有什么意义？他始终被这个问题苦恼，然后带着这个问题慢慢成长，上了大学。大学二年级的时候，他读到一本书，这本书对他的一生、对他的哲学产生了重大的影响。你们知道这本书是什么吗？你们猜是谁的书？对，是叔本华。叔本华是尼采之前德国最大的哲学家。我认为尼采和叔本华都是德国哲学家里的另类。叔本华也是一个另类，也是一辈子郁郁不得志，但是他和以前的康德、黑格尔等都不一样。他关注的就是人生问题。他的主要著作叫作《作为意志和表象的世界》，当时21岁的尼采买到的就是这本书。其实在这之前他不知道叔本华，尽管现在我们很多人都知道他，很多中国人都知道他。然而，当时德国一个非常爱思考的21岁的大学生都不知道叔本华。由此可以看出叔本华在德国不是很有名的。叔本华是在尼采出生之前16年去世的，所以叔本华其实不是太有名，但是后来影响非常大。我觉得叔本华是通过尼采产生了重大影响，是尼采发现了他。尼采买到叔本华这本书之后几天几夜睡不着觉，非常兴奋。他后来回顾的时候，说他觉得叔本华这本书是专门为他写的。他给了尼采一面镜子，从这面镜子里看到了世界和人生的真相。

我刚才说了尼采因为家庭、早年的痛苦经历，从小就悲观。他看了这本书以后，发现叔本华的哲学实际上印证了他的悲观。他觉得人生就是没有意义的，他的悲观是对的。叔本华给人生描绘了一个什么样的景象？说起来比较复杂，所以我就简单说一说，大概就是说人无非是一团欲望，欲望就意味着匮乏、欠缺。因为你欠缺，所以才会有欲望，你饿所以才会有食欲。性也是一样的，你受到压抑以后对它会有渴望。实际上欲望意味着欠缺，而欠缺就是痛苦，欲望满足以后你就快乐了吗？这种快乐是非常短暂的，欲望满足以后的总体状态是什么？你又感到了空虚，感到了无聊。人有欲望的时候痛苦，没有欲望的时候无聊。他说人生就像钟摆一样在痛苦和无聊中摇摆，而在经历了痛苦和无聊之后，最后等待你的结局是什么？是死亡，是生命之梦的彻底破灭。怎么办？人类要摆脱痛苦，只有一个办法，就是禁欲，尤其是禁止性欲，即大家都不要生孩子了，这样总有一天地球上就太平了。所以他给世界描绘的是这样一幅图景。而这幅图景和尼采从小养成的这种悲观是吻合的。

尼采哲学就是从这里面产生的，他本身就悲观，结果叔本华又加重了他的悲观。但尼采是生命活力非常强的人，不甘心悲观，他说如果人生就是这样没有意义的话，我怎么能甘心？我还这么年轻，充满活力，我一定要对抗悲观，为人生找一种意义。我觉得尼采哲学就是悲观继而对抗悲观这样一个产物。这是尼采的第一个性格特点：敏感、忧郁、悲观。

第二个特点：真诚，即对人生非常真诚的态度。他从小就悲观，在叔本华的影响下更加悲观，不过他不甘心悲观，而是想解决这个问题，所以他对寻求人生的意义是非常认真的。

我刚才讲了尼采在大学学的是古典语文学。他大学时成绩非常好，智商非常高。用他导师的话说，尼采是莱比锡青年语文学界的偶像，大家都非常崇拜他。他发表了大量的优秀论文，所以他24岁从莱比锡大学毕业时，经过导师的介绍，由瑞士巴塞尔大学破格聘请他当教授。西方是不太论资排辈的，但是尽管如此，24岁当上大学教授的也是凤毛麟角。这样，尼采就当上巴塞尔大学的古典语文学教授。他去了以后同事们都对他非常欣赏，羡慕他这么年纪轻轻就这么有才华。包括巴塞尔当地的上流社会人家都纷纷邀请他去做客，他成了一个学术明星人物。但是尼采一点都不高兴。他给他最好的一个朋友写信，他说有什么可高兴的，不过是多了一个教书匠而已。他对他的大学生活非常不满意，不满意在哪里？两条。一条就是古典语文学是对古希腊、罗马的文献进行考订，进行诠释，是钻故纸堆的，而他不愿意把自己的生命浪费在钻故纸堆里。他后来很后悔，说自己做了一个错误的选择，这么宝贵的生命怎么能用来钻故纸堆？他真正关心的还是人生问题、哲学问题。第二个不满意之处在于，他觉得大学的气氛太不好。他觉得大部分同事都是很平庸的，满足于过学院里面的安稳日子，热衷于名利，热衷于社交。他认为他们是市侩，不愿意与他们为伍。抱着这样的心情进入巴塞尔大学当教授以后，他专心在做一件事情，仍然想去探索人生的意义。他研究的是古希腊罗马文学，而他研究古希腊文学的时候，把注意力放在古希腊人是怎么对待人生的。他觉得他从古希腊人对人生的态度里面找到了答案，发现了人生的意义到底在哪里。到巴塞尔大学当教授的第三年，尼采就写完了一本书并把它出版了，这本书叫作《悲剧的诞生》。他花了很大的热情和心血写出了这本书，但是这本书的出版，可以说毁了他的学术前途。本来他是一个前途无量的青年教授，出了这本书以后，德国、瑞士的古典语文学界保持一片沉默，背地里悄悄议论，一致认为尼采完了。他们认为这么有前途的一个人，现在走的是歪门邪道，是在不务正业。我也经常被我的同事说成是"不务正业"。古典语文学的学者应该去做训诂、考证的工作。对古希腊人，你认为发现了一种什么酒神精神，还为此作了好多文章。古典语文学界认为你是完全违背了学术的规范，你搞的不是学术。所以我就说天下的学术界都是一个德性。你写出了一部伟大的作品，可是他们用学术规范的尺子来量你，如果不符合，他们就把你的作品说成毫无价值。尼采当时面对的就是这样一个情况。他的导师李契尔原来对他寄予莫大的希望，这个时候也是一言不发，悄悄地在日记里写道：这是一个可悲的事件。没过多久，有一个比尼采年轻的青年学者，原来在尼采面前还毕恭毕敬的，这时候也发表了一本小册子，对尼采进行了猛烈的攻击，说他是不务正业，像这样的人不配在大学当教授，建议尼采离开大学讲台。实际上他的这种观点代表了古典语文学界、学术界一致的观点。所以这本书发表以后，尼采出版了《悲剧的诞生》以后，他的课堂上就剩下了两个学生。大家都知道西方的大学都是自由选课的，所以原来选他课的学生都不选他的课了，就剩下两个学生，而且这两个学生是别的系的，不是古典语文系的，是旁听生，这意味着尼采在学校里没有学生了。在《悲剧的诞生》出版以前，尼采在巴塞尔大学就过了两年好日子，剩下的日子就很悲惨了——没有学生，他身体又很不好，基本上处于半退休的状态。到了第 10 个年头，在他 34 岁的时候，他提出辞职离开了学校。关于《悲剧的诞生》，如果下面有时间我会给你们讲讲这本书的内容。我这里只想说明一个问题，即尼采他想他的问题，他要解决他的问题，他是一个思想家，不是一个靠整理文献来维持自己生活的所谓的学者，而是思想家、哲学家。但是当他朝这样一种方向去做的时候，学术界容不下他，容不下这样一个真诚的人。这是尼采的第二个特点。

第三个特点就是孤独。哲学家一般都比较孤独，但是在哲学家里像尼采这样孤独的人也是少见的，而且一般哲学家孤独都是自己选择的。而尼采呢，我觉得他一半是自找的，一半是运气不好。他不是一个孤僻的人，而是一个充满情感的人，他渴望爱、渴望人间的温暖、渴望友谊，可惜命不好，这些都没得到。

尼采从巴塞尔大学辞职以后在欧洲各地漂泊。冬天的时候他是个南漂，因为他怕冷又怕热，身体严重地神经衰弱。他冬天就到意大利、德国南方、瑞士南方去生活、漂泊；夏天就是个北漂，专门找瑞士北部、德国北部等比较凉快的地方。可能有的人说，这不是挺浪漫的吗？要知道尼采很穷，他可住不起五星级宾馆，连一星级的也住不起，他每到一个地方租的是农民的房子，日子过得非常简陋。我去过一个地方，就是尼采每年夏天避暑的一个地方，即瑞士北部的一个山区，叫西尔斯玛利亚。西尔斯玛利亚是个大山区，终年积雪不化，是阿尔卑斯山脉的一个地方。尼采连续八年的夏天是在那里过的。我去看了所谓的尼采故居，就是那栋很简陋的两层小楼。当年他在那所房子里面租的是二层的一间小房间，房间大概是 6 平方米，屋里一张小床和一个小茶几差不多就摆满了。尼采每年夏天在那里写作，在昏暗的煤油灯下写他那些根本没人愿意出版的著作，饿了就在酒精灯上煮一点简单的食品。他的那部奇书《查拉图斯特拉如是说》也是在那里写的，但是没有出版商愿意出版他的书。他长年累月一个人，没有家庭，也没有朋友陪他，甚至几个月可能也找不到一个跟他说说话的熟人，这种日子浪漫吗？反正你让我过一个月我都过不了，而尼采整整过了十年，直到他发疯。如果他不发疯，这种日子还得过下去。他这种忍受孤独的能力很了不起，但其实他很难受。他给朋友的信中充满这样的悲哀，信中说他一直期望能够有一个人来看他，但是他看到的始终只有他自己。他说自己没有任何的期望，长年累月没有一点人间的温暖，没有一点爱，已经没有人爱他了，他怎么还能爱生命呢？这样的话非常多。给他妹妹的信中还说，在疯狂的时候，一个寂寞的人甚至想拥抱任何人。大家注意，他说疯狂的时候，一个寂寞的人想拥抱任何人，他后来真的这么干了。在1889年元旦那天，尼采当时在意大利的都灵，在街头看见一个马车夫正在用鞭子抽他的马。他看见以后大哭，冲上去抱着马脖子就昏过去了。醒来以后他的神志再也没有清醒过，从此就疯了。他的病例记载：这个病人喜欢拥抱街上任何一个行人。孤独让他发疯，而他在疯狂中摆脱了孤独。

尼采一辈子未婚。其实哲学家里不结婚的也挺多的，像我这样结婚的哲学家很少。我觉得尼采跟我有点像，他是想结婚的，但是跟我的区别是他的运气没我好。尼采曾经看上一个女明星，就给她写信求爱，但人家不理他。那是他上大学还比较幼稚的时候。后来也有人给他介绍对象，但是都没有成功。他有过两三次求爱、求婚的经历，都没成功，所以说他是渴望人间的爱的。35岁的时候，他已经离开巴塞尔大学，开始在各个地方漂泊。那个时候他狂热地爱上了一个女孩，那是他一生中真正的一次恋爱。那是个俄罗斯女孩，叫作莎乐美。莎乐美是很了不起的，她当时比尼采小17岁——尼采35岁，她18岁。莎乐美漂亮、有灵性而且能折腾，一生中迷倒过三个天才。第一个是尼采，她十七八岁的时候迷倒了尼采。第二个是里尔克——我认为歌德、海涅以后最伟大的德国诗人就是里尔克——她比里尔克大15岁，成了里尔克诗歌文学上的老师和情人。第三个是弗洛伊德——她50岁的时候成为弗洛伊德的得意门生，弗洛伊德比她大5岁。这个女人是真的了不起，也写过很多书，包括小说，包括哲学的东西，关于尼采她就写过两本专著。我觉得她对尼采很理解，在她的书里讲她看到尼采第一眼的印象是这样的：孤独、内向、优雅，近于女性的羞怯、温柔。尼采就是这样的人。别看尼采在学术上张牙舞爪，他其实是个很内向、很害羞的人。他35岁时和莎乐美及一个叫雷埃的男学者三个人结伴在罗马旅行。旅行过程中，尼采如痴如醉地爱上了莎乐美，但是尼采是很怕羞的，自己不好意思去说，就让雷埃跟莎乐美说，谁想到雷埃也爱上了莎乐美。两份求爱申请同时递到了莎乐美面前，但莎乐美都谢绝了。这以后他们的关系因为一个因素破裂了，因为什么？因为尼采的妹妹挑拨离间。尼采的妹妹叫伊丽莎白。他们家里就是他母亲、尼采妹妹和尼采三口人。尼采的妹妹对哥哥有很强烈的控制欲望。莎乐美和尼采关系很密切的时候，伊丽莎白很嫉妒，多方挑拨，最后导致尼采和莎乐美的关系彻底破裂。但是尼采以后始终没有忘记过莎乐美，始终是爱着莎乐美的。他曾经留下遗言，说他死了以后就用他的一部音乐作品来纪念他，这部音乐作品叫作《赞美生活》。为什么这个大哲学家写了那么多哲学著作，却不要求用哲学著作来纪念他，而要求用他业余水平的音乐作品来纪念他？因为这部作品的作词者是莎乐美。这部作品由莎乐美作词、尼采作曲。通过这部作品，他们俩结合在一起了。可见，尼采是一个很痴情的人。

　　尼采的孤独不仅仅在于生活的经历，更体现在他的思想没有人理解。我刚才讲他的第一部著作《悲剧的诞生》出来以后学术界一片沉默，很敌视他，不过在他所有的作品里面，只有这本书是出版商愿意接稿出版的。帮忙的是瓦格纳，因为写这本书的时候是他和瓦格纳关系特别密切的时候。瓦格纳是大音乐家，人脉还是很广的。瓦格纳让自己的出版商给他出版了这本书，六年中卖出600多本，而这是他所有作品里成绩最好的。后来他的书基本上都是出版商不接受的，都是他自费出版的，而且自费出版以后也没人买，只好送朋友。所以，我感到特别惭愧。我翻译的《悲剧的诞生》一年就卖出15万册，1986年到现在几乎好几十万了，这真是没办法比。

然而，尼采对他的著作、他的思想是充满自信的。尽管他生前没有人理解他，但是他相信自己死后一定会有人去读他的书，去研究他。他说过他是新世纪的早生儿。尼采在世的日子是1844年到1900年，而他说的新世纪就是20世纪，即1900年开始的那100年。他说他是新世纪的早生儿，是属于20世纪的，只因自己生得太早，所以在他那个世纪没人理解他。但是总有一天会有人打开他的书，他是为他们写作的，而这一天他是看不到的。他说的完全准确。20世纪，围绕尼采有各种各样的争论，他是最被关注的一个哲学家。这是毫无疑问的，许多大作家都读过他、喜欢他。他影响了一大批人。

我第一个问题差不多就讲了一个小时，不过反正以后我会常来的。所以我们慢慢讲，慢慢听。你们的意见怎样？我是再简单说一点，还是现在转入对话和互动？这样，我下面再简单讲讲我下面想说什么，预告一下。

我今天的题目是"一位另类又伟大的哲学家",这是我给尼采的定位。下面第二个问题是我要告诉你尼采另类在什么地方,伟大在什么地方。简单地说,尼采和德国哲学家都不一样。在德国,哲学家都是教授,都是学者,基本上都是这样的情况。这一点德国是比较特殊的,到20世纪哲学家都是教授,都进了大学。不但哲学家进了大学,作家也进了大学,当上了大学教授,这在中国的一些地方现在是一种特殊现象。从西方来看,基本上到20世纪就没有什么大学之外的哲学家了。但是在19世纪以前,除德国以外,哲学家都在大学的校门之外,很少有在大学做教授的。法国哲学家伏尔泰、卢梭等基本上都是作家,不在大学教书。英国哲学家洛克、休谟等人都有自己的职业。洛克是家庭教师,休谟是公务员、政府官员,他们都有自己的职业,不在大学教书,哲学是他们的业余活动。德国的情况不一样。德国从很早开始,从康德,甚至康德之前就已经开始有哲学家进大学,往往是越差的哲学家越早当上哲学教授。康德44岁的时候还在当讲师,弄得他很痛苦,结果到了四十七八岁才当上教授。有一套学院的体制来评价你。但是尼采不一样,他当然也当过大学教授,但他不是哲学教授,而是古典语文学教授,而且他终于因忍受不了学院的生活而离开了大学。哲学不是他的职业。尼采有个观点,他说在课堂上讲哲学很可笑。哲学是一种沉思的活动,需要慢慢思考,可是在课堂上当着学生的面讲哲学,你要做出沉思的样子来,这非常可笑。古代最早的哲学先贤中,孔子、苏格拉底没有课堂,但他们是怎么讲哲学的?就是带着弟子,跟他们聊天,是一种朋友式的谈话。这是最合适的哲学活动,哲学应该通过朋友式的谈话来传授。这是一点。

第二点，尼采不构建体系。几乎每个德国哲学家都建立了一个很庞大的体系，但尼采坚决反对构建体系，他也没有构建体系。他说构建体系是不诚实的表现。为什么构建体系是不诚实的？我觉得很多人对哲学有一个误解，认为哲学就是逻辑、思辨，就是建立一个庞大的体系，这完全是误解了哲学。哲学是对世界和人生根本问题的思考，而这种思考靠的是什么？不是逻辑，是悟性。一个人悟性好才能进入这样的思考。所以用逻辑来构造一个体系的人，尼采说他们不诚实，他们是在掩盖自己没有感悟的事实，所以用逻辑来冒充感悟。

第三点，尼采写作风格与他们完全不一样。康德、黑格尔的书艰深晦涩，我相信没几个人能看得懂。当然，也不是说他们没有内容。康德非常伟大，但是要读懂他的书实在太难。尼采的风格则完全不一样。可能在德国哲学家里面只有叔本华和尼采不一样。叔本华是嬉笑怒骂、非常生动。我说他是哲学界一个率性之人，想到哪里就说到哪里，爱骂就骂，他就是这样一个人。尼采跟叔本华又不一样，因他基本上是用格言来写作的，书中是一段一段的语录。他的语录都是很有冲击力的，文采不能说是美，但是很独特、很精炼。

在这几点上他和德国哲学家是不一样的，但是更重要的是他的思想。我说他另类主要是因为他的思想不一样。另类的尼采好似一匹黑马闯进了哲学界。闯进哲学界的黑马多的是，好多是神经病，我就收到过很多这等人的信。他们认为自己在哲学上完全有了新的发明，超过以前一切的哲学，所以就给我写信。我不知道怎么应对他们，而大多数的黑马很快销声匿迹了。尼采这匹黑马闯到了哲学界以后，把哲学领域搅得天翻地覆，然后酝酿出了一种新的秩序，开辟了一个新的时代。所以我说尼采牛啊，这种另类才是牛的另类，才是伟大的另类。

人工智能与文学

韩少功[*]

主持人胡洪侠是做新闻传媒的，给我戴了很多高帽子，大家不要当真。现在假新闻很多，美国总统特朗普都特别烦，大家听听就好。他刚说了，讲人工智能是韩某人胆子天大。这是有点冒险。不过，这个话题太大又太热，你不谈都不行，不谈没法出门了。

其实，人工智能出现的时间已经很长，只是很多人以前不大注意。很多年前，美国机器人深蓝同人类进行国际象棋比赛，结

---

* 著名作家，中国作协主席团委员、全委会委员，海南省文联名誉主席，坪山图书馆"大家书房"入驻名家。曾获境内外奖项：1980 年、1981 年全国优秀短篇小说奖；2002 年法国文化部颁发的"法兰西文艺骑士奖章"；2007 年第五届华语文学传媒大奖之"杰出作家奖"；第四届鲁迅文学奖；美国第二届纽曼华语文学奖等。共有四十多种作品分别以十多种外国文字在境外出版。另有译作《生命中不能承受之轻》（昆德拉著）、《惶然录》（佩索阿著）等数种出版。2019 年 9 月 23 日，韩少功长篇小说《马桥词典》入选"新中国 70 年 70 部长篇小说典藏"。

果有胜有负，当时已经让某些圈子里的人开始紧张，说深蓝来者不善，凶多吉少。前几年，又出来个AlphaGo赢了棋王柯洁，三战三胜，更把人类吓住了。这意味着将来的国际象棋，甚至围棋等，要完全改变规则。八段九段十段什么的专业段位只能降格为业余段位。棋坛成了机器人的天下，成为数学家、程序员、工程师们的天下，人类棋手也许就像跳广场舞的大妈，只能参与一种群众娱乐。作为正式的体育竞技项目，这些棋赛可能被取消，因为它们没有意义了。

其他很多领域的险情接踵而至。比如，我到广东外语外贸大学讲座时，我说同学们都是学外语的，有没有感觉到你们的就业前景危险？下面的学生差不多都是蒙的，老师也蒙。我告诉他们，翻译是最容易被机器人所接管的工作，谷歌、IBM、百度等各大公司都在做相关软件，进展非常快。最开始的机器翻译不怎么样，就像学渣应付作业，丢三落四、七折八扣。但近一两年来，60%—80%的机器翻译错误都得以排除。中国一个叫讯飞的公司，用一个手机APP，能实现40多种语言实时翻译，有文字，有口语，用于国外旅行已相当方便，老太太、老大爷逛市场都不用翻译陪同了。可以肯定，随着人工智能翻译的进一步改善，今后一般的公务翻译、新闻翻译、商务翻译、旅游翻译都可以机器化，但只有文学翻译搞不定。正是基于这一点，我前不久给海南省一个领导提意见，说海南要建自贸港，下了个文件，要求中青年公务员都学会英语，其实这完全没有必要。那要投入多大的成本呵！对于大多数公务员来说，不是涉外窗口工作的，用一个讯飞APP其实就已经够了。有关方面对人工智能现状可能不大了解。

　　机器搞不定文学翻译，是因为文学千差万别，千变万化，变量太大了，建立相关的样本库和大数据难度太高。比如说woman，在一般翻译中就是"女人"，错不了；但在文学翻译中，这个英文词的意思可以是女人、女生、女性、女士、女子、女郎、妇女、娘们、婆娘、妞、母的、巾帼、红颜、女同志……我们得根据特定语境和特定文风加以选择，才能准确表达出相应的意味。这对于机器人来说是太难。现在机器人可以变通和意译，比如把 You are a pig 译成"你很蠢"，但有些文学作品偏偏要直译，偏偏要粗野，偏偏要骂"你这个猪"，怎么办？因此，我对外语专业的同学们说，你们以后如果要做文学翻译，还是要继续学好外语；如果不，那就赶早去修一个第二专业，不能指望光靠外语吃饭了。

　　不光是下棋和翻译，还有很多行业都面临巨变。会计、律师、金融、制造、物流、餐饮、医疗、教育、保安、保洁……几乎所有行业中那些可重复的、有常规的、能够逻辑化和数字化的劳动，都可能由机器人实现人力替代。在新闻传媒方面，国外已经有写稿机了。特别是财经新闻，语法比较简单，描述比较简单，有几个数据就可以自动"刷"稿。我怀疑国内也开始了，比如微信上很多东西有时候完全文不对题，莫名其妙，一看就不是"人"干的事，而很可能是机器人在哪个环节掉了链子。

　　这当然会带来一些重大社会问题。前些年，很多人总结中国经济崛起腾飞的秘诀之一，就是中国的劳动力充足，劳动力素质比较高，包括农村青年都能写会算。这是我们的优势。如果机器人大量推广，如果"黑灯车间"遍地开花，那中国的人口优势还存在么？或者说，发达地区低生育率、老龄化的问题，会不会因此得到意外的化解？一个叫尤瓦尔·赫拉利的以色列学者，最近有两本书在中国卖得特别火，其中一本是《人类简史》。他预言人工智能将造成99%的人口失业，让人吓了一跳。这是什么概念？若真像他说的那样，一个"无产阶级"的问题还没解决，又冒出一个"无用阶级"的问题，今后普天下99%的闲人怎么办？都成天晒太阳、打麻将，来一场说走就走的旅游？由政府来给发钱供养吗？那样一个闲人和废人充斥的社会，将逼出一个最大的"社会主义"还是最大的"资本主义"？

下面谈谈文学与人工智能的关系。大概两年前，一个朋友给我发送过一款小软件，即IBM公司的"偶得"，一个作诗的小游戏。我当时没在意，后来偶尔点出来玩玩，发现你随便写几个字，它马上就会给你生成一首诗，而且绝对押韵、绝对合律，意境也算得上优美。有一次我输入"胡说八道"四个字，它竟然也来了几首藏头诗，像模像样甚至风情万种地"胡说八道"。我拿其中的一首和秦观的一首，让几十个文科大学生辨认，猜哪一首是人写的，结果大部分人猜不出来。央视一套也举行过两场人/机写诗比赛，由撒贝宁主持。两场的结果，都是机器人在当场命题写诗的过程中以假乱真、蒙混过关，让评委和现场观众无法区别其真实身份。按照比赛规则，这就是"机智过人"了。还有一次，钢琴家郎朗辨别别人/机用钢琴演奏的同一支曲子——同写诗也差不多吧。他指认成功了，但有意思的是，他依据的仅仅是人弹的那一首中有个音符弹错了。

　　写诗用字少，不论旧体诗还是新体诗，一般来说篇幅短小，工程师们比较容易建立相关的样本库和大数据。比较而言，小说的情况复杂一些，涉及太多素材和词汇，既有作品浩如烟海，将其数字化可不那么容易。因此，央视现在还没有组织这样的人/机比赛，软件公司也没有进行这方面的尝试。2016年日本朝日电视台组织过一次征文，1000多篇参赛作品中混入了一篇机器人写的作品。这篇作品通过第一轮评审入围，虽最后未能获奖，但已是巨大成功。在这里，算法编程是人为的，因此严格地说，这只能算作人/机结合的成果。但既有了这一步，就可能有第二步、第三步……在下次比赛中，机器人为什么不可能最终获奖呢？中国作家协会眼下有近万名会员，今后混入几十个、几百个、几千个机器人，不过是一堆堆的网线、硬盘、芯片及幽灵式的电子信号，为什么不可能呢？在我看来，实现这一点的唯一障碍是诗的数据库小、成本低，商家玩一玩无妨；而小说的数据库太大、成本太高，若无可靠的投资回报，就没有商家愿意砸钱。但这并不能否定机器人写小说的可能性。从理论上说，机器人写小说这事也是可能的。

　　话说到这里，作家和诗人以后是否都会失业和饿死？我愿意提到美国一位著名IT产业大咖凯文·凯利，他的《失控》一书已译成中文。这位全球第一届"黑客"大会的召集人说人工智能有一块最大的短板，就是没有价值观。他说"人工智能是我们的孩子，我们必须给它灌输价值观"。什么是价值观呢？美国很多大学曾给学生一个测试，说的是：有一辆火车在轨道上失控了，无法制动，眼看就要轧死前面5个走错路的人。这时候司机有另外一个选择，把火车引向一条已经废弃的岔道，这样可以保住 5 个人的性命。难点是，岔道上也有一个人，而且是一个没走错路的无辜者。请问，司机是该轧死 5 个犯错的人还是一个无辜的人？5 个自己负有责任的人还是一个完全没有过错的人？好，我们现场来做一个测试吧。

（现场测试结果是大多数听众举手赞成保留无辜者的生命。）你们看，这可能就是我们多数中国人的价值观：道义优先，功利靠后；先看对与错，后算得与失。当然，如果这 3 个人是 9 个人，或是更多的人，很多朋友可能就要犹豫了。可见，价值观的判断是一件很复杂的事情，完全没有一定之规，常常取决于具体的情况和微妙的分寸，而且常常处于两难之间。小孩子是写作业好还是打游戏好呢？不一定，那要看什么情况。一个人多消费好还是少消费好呢？那也不一定，要看什么情况。庄子也是忍让，阿 Q 也是忍让，那么庄子的齐物论与阿 Q 的"精神胜利法"区别在哪里？现在还有一个词叫"高级黑"。如果我说"某某你太伟大了"，我是想在心里黑他、讽刺他，大家一听就明白，但机器人怎么辨别这是一句骂人的话呢？明明 A 就是 A，B 就是 B，怎么在一定的情境下 A 就是 B 呢？

如此等等在很多人看来并不难的问题，在机器人看来就是超难的问题，是非逻辑、超逻辑、反逻辑的千差万别和千变万化。计算机领域一个鼻祖式人物叫高德纳，他是美国人，获奖无数。他说过：人工智能在所有人类需要思考的方面已经大大超出了人类，但是在人类很多时候不假思考就能做出正确选择的方面还差得很远，还门儿都没有。在这里，他所谓"不假思考就能做出正确选择"的能力，就是一种非逻辑、超逻辑、反逻辑的能力，常常表现为顿悟、直觉、灵感、异想天开、跳跃式思维等。宋代人严羽说的"诗有别才，非关书也；诗有别趣，非关理也"就是指这种能力。在座的周国平馆长以前翻译过尼采。尼采谈到人类的精神有一个"日神"有一个"酒神"。顾名思义，"酒神"差不多就是酒疯子。他们处于某种"醉态"，与理性思维大有区别，经常用非理性、非逻辑的态度来对待这个世界。

机器人最擅长的是数理逻辑，因此最容易取代常规性、技术性、可重复的人类劳动，特别是离价值观比较远的劳动。在人类历史上，蒸汽机、电动机已经取代了人类很多体力劳动。当时也有人恐慌过，后来发现没什么，取代就取代吧，我们还乐得不干了，挺好。那么现在，机器人正在或者将要取代人类的一部分智能劳动，人类是不是又该恐慌一轮？可能也没有这个必要。就像刚刚说到的 AlphaGo，它的工作原理其实早就有了，只是大家不知道而已，当时没构成轰动性的事件而已。大概在 20 世纪四五十年代的时候，这不叫人工智能，叫仿生自动机，或神经网络自动机。它利用最早图灵机的二进制运算，采用试错的方法实现所谓机器的某种学习能力：我这一步走死了，机器记住了，存入记忆，下一次遇到同样情况便绕开走……差不多就是这样。但那时候为什么没有 AlphaGo？无非是两个原因：第一，数据记忆量太小，像我在 20 世纪 90 年代用电脑的时候，一张软盘只能存储 1.4MB，而现在随便一个 U 盘也能存储几千兆；第二，运算速度快了，最快的电脑现在已是每秒亿亿次，哪一个棋王比得上这速度？因此，有了这两个条件，依托 IT 产业的整体推进，

AlphaGo 才得以应运而生，从科学原理终于变成技术成果。

其实 AlphaGo 并不是真正"懂"棋，就像电脑并不是真正"懂"诗、"懂"音乐。它不过是依托人类给它设定的算法和数据库，存储、检索、调动、组合、推演人类全部棋王的经验，其"聪明"其实是千百个棋王"教"出来的，本质上还是一种跟踪、模拟的第二梯队工作。大数据就是机器人的脑容量。最近有些人讨论中国 IT 业为什么发展快，为什么腾讯、阿里都诞生在中国，而不是 IT 业看来更发达的美国。答案之一是中国有 14 亿人口，有世界上建立人类数据库最优越的条件。包括在座的每一个人，每买一件商品，每买一样服务，就给商家自动输送了自己的某些数据，就为阿里或腾讯做了贡献——虽然它们没付给我们钱。数据就是生产力，数据就是财富，就是今后各种机器人的"聪明"之源。

按照凯文·凯利的观点，今后的工作分为两种：一类叫作跟踪性、可重复的技术型工作，就是机器人特别能胜任的——这是低价值的部分。另一类是高价值的工作，就是创造性的、引领性的那种，特别是承载和创造价值观的那种，像文学上的莎士比亚、托尔斯泰、曹雪芹、李白、卡夫卡、鲁迅……这些巨星前无古人，无所依傍，法无定法，天马行空，开宗立派，是所谓"天才式"的人物，他们做的是机器人够不上、做不了的工作。用 IT 的语言解释，这就是在一定程度上超出了大数据以外的工作。我们此前谈到一般翻译与文学翻译的不同，道理也在这里。当然，文学这个林子很大，什么鸟都有，很多作家也是庸常无奇。你们有没有看过 007 的电影？它的票房不错，但看过的人都知道，它就是一个通用配方：美景＋美女＋高科技＋打斗绝技＝007。这是模式化写作中最有代表性的。眼下的纸媒和网络小说也有很多模式，连作家自己都愿意承认其为"类型小说"。盗墓是一类，玄幻是一类，穿越是一类，宫斗是一类，如此等等。其中有一些就像"打怪升级"的游戏，根本不怕重复，打了一个怪再打一百个怪，过了一关再过一百个关，可以写出几千万字甚至几亿字，这让一般读者怎么读？中宣部评选"五个一批"人才，我也应邀当过评审专家。但碰到一些网络小说方面的候选人，我只能弃权，因为几千万字我怎么读得过来？没有读过又怎么有资格投票？

不仅是文学，在餐饮、物流、制造、医疗、金融、教育、行政管理等各个行业，都有雁阵式的分布，有创造性的尖端工作，也有常规性的底部工作；有高价值的工作，也有低价值的工作——尽管这两方面在实践过程中经常互有交集，并不能截然两分。前年，我写了一篇叫《当机器人建立作家协会》的文章发表在《读书》杂志第五期。后来我见到中国作家协会主席铁凝，她说作家里本就有一些机器人呵。她的意思没错。作家里也有"文匠"，有"写手"，相当于肉质的写作机器，其综合素质不够，就只能循规蹈矩、鹦鹉学舌、陈陈相因，甚至"天下文章一大抄"。可以肯定，IBM的"偶得"一类软件，最先要"干"掉的就是这种人。这就像在餐饮行业，现在让机器人做菜，做出几百个菜品没问题。它们做出的麻辣豆腐、宫保鸡丁、西红柿炒蛋……大概都能中规中矩，都能吃。但世界上最有特色、最有创意、最为精美的菜品，最能引领和提升餐饮行业的，恐怕还是出自美食大厨之手，出自人类的创造。这就是说，在迄今为止人机结合、人机互动的历史中，人的主导地位并未改变。

如果我们知道哥德尔，知道物理学家霍金所尊奉为第一精神导师的这个人，就该知道他那个著名的"不完全性"原理。这一原理证明理性是有边界的，数理逻辑更是有边界的，不可能万能。因此，我们也就有理由相信，不论机器人发展到哪一步，人的主导地位也永远不会改变。

在这一过程中，人类放弃甚至退化了一些能力，比如嗅觉已不如狗，视觉已不如鸟，奔跑能力已不如虎豹，负重能力已不如牛马，而这并没有什么了不起。在人工智能的新时代，我们一是记忆的海量和精度，二是运算的速度，都已远不如机器，将把很多可重复、有常规、技术性、逻辑化的工作转交给机器，这也没有什么了不起。相反，机器人什么都不会忘记也许是好事，但在特定条件下，这是不是也不利于我们的思维轻装上阵、化繁为简、灵机一动、异想天开呢？机器人什么都讲数理逻辑，也许同样是好事，但在特定条件下，是不是也不利于我们无法无天，大破大立，释放非逻辑、反逻辑、超逻辑的"发散性思维"，实现颠覆性和革命性的认知突破呢？人／机分工是人／机结合的另一面。我们把很多工作交给机器，是为了让人做更多人该做的事情，把那些事情做得更好——这是完全可能的。

美国著名学者福山说冷战结束是"历史的终结"。后来又有一个敢说的发明家兼企业家库兹韦尔，谷歌的技术总监，预言2045年将出现"人类的终结"，即碳基生命与硅基生命全面融合，抵达人类历史的"奇点"，届时全新物种将取人类而代之。那是一个什么样的情况？2045年已经不太远了，在座的大部分人都可以看到。据说，好消息是，那时的新人类最终告别了生物性，不再生病，可以永生，有无穷的智慧，根本不需要学习，包括不需要坪山图书馆。坏消息似乎是，新人类没有男女之分、老少之别，也没有婚丧嫁娶、悲欢离合，甚至没有任何欲望。问题是，那样的生活还有趣吗？还有意义吗？库兹韦尔认为，人类不再扮演上帝，而是已经成为了上帝。但我怀疑那是一个比较 low 的上帝。一个没有欲望的世界，必定是一个乏味透顶和丧失动力的世界。那样的"上帝"，哪怕没什么道德感和责任心，但如果真是无所不能和无所不知的话，也一定会把自己给干掉，回到人间有滋有味的生活，即有男有女、有生有死、有恩有怨、有乐有忧、有成有败的生活。如果他做不到这一点，就说不上万能；不知道这一点，就只能是弱智，只是个假"上帝"。我们大可不必拿他当真。

工匠精神与文化品格

卢秋田[*]

大家下午好！我是昨天和周国平老师从北京到深圳的，没想到航班误点 4 个小时，前后一共用了 8 个多小时。所以我跟周国平说，其实我们从北京到深圳的这些时间已经可以飞到德国了。我今天先用十几分钟讲讲题外话，也是我今天讲话的背景。

第一部分讲德国的工匠精神，主要是一个匠心、两个情怀、三个标准、四个人文素质。

先讲一个题外话：我为什么来？

我首先是冲着图书馆来的，因为图书馆在我的心目中是很崇高的。我可以给大家讲几件事情。德国人自己介绍德国，不像我们介绍的奔驰、宝马、汽车王国、制造业强国，而是把这个国家定义为"学者＋工程师"的国家。他们引以为豪的是有多少个

---

* 曾任中国驻德国特命全权大使、中国人民外交学会会长、全国政协委员，现任中共中央组织部全国党建研究会顾问、中国国际战略协会高级顾问。

图书馆、博物馆、歌剧院在历史的天空中群星灿烂，出了多少个哲学家、思想家、文学家、音乐家……所以德国人把图书馆视为他们国家的骄傲。第二个故事：我们驻德国、英国、法国的三位大使经常在一起交流，轮流在柏林、巴黎、伦敦开会。有一次在伦敦开会，我说要去看看牛津大学。牛津大学出来接待我们大使的，一个是校长，一个是图书馆馆长。他们认为高规格的接待必须要有图书馆馆长在，因为图书馆是一个很神圣、很崇高的地方。另外一个故事：我说人生有四个遗憾，第一个遗憾是当你年轻的时候没有经验，当你有了经验以后又不再年轻；第二个遗憾是得到的东西不珍惜，失去了才知道它的价值；第三个遗憾是别人的教训不能吸取，自己的教训要付出代价；第四个遗憾是浪费生命的时间主要在无效劳动和无端烦恼。我说要弥补这四个遗憾就要读书，因为读书突破了时空，可以拓展生命的宽度和深度。年轻的时候没经验，有了经验不年轻，这是一个遗憾，但是书里会告诉你很多过去曾经有过的教训，所以这可以通过读书来解决。读书可以让你跟过去的学者、大师们进行对话，而且突破了时空。生命的宽度和深度的拓展可以通过读书来解决，读书很崇高。所以我今天是冲着图书馆来的。

其次，我是冲着周国平老师来的。1994 年我在中央党校学习的时候，在中央党校的书店里发现了一本书——《尼采：在世纪的转折点上》，周国平老师讲的是尼采。我去尼采的档案馆参观过，而且跟这个档案馆的人讨论过尼采，周老师对尼采的评价与众不同。所以我是先做周国平老师的粉丝，后来我们才成为朋友。所以我来是冲着周国平老师。周老师告诉我 4 月 23 日来的时候，我给周老师的第一个要求是你要陪我来。因为我们两个有聊不完的话，经常是无拘无束地聊，聊天、聊地、聊生命、聊哲学。但唯一一点，周国平老师评价我是哲学大使，我有点担当不起，我给自己的定位是一名爱好哲学的外交工作者。

我用三个标准来定义哲学爱好者。第一个是好奇心，永不褪色的好奇心。好奇心不能因为人的年龄增长而衰弱。前不久有一个中科院院士到我们协会来，我说我要提一点幼稚的问题。例如，西瓜地里的土和水非常脏，但是西瓜又卫生又甜，请问西瓜的物理机制和消毒机制是什么？另外，现在卫星可以上天、5G、云计算、大数据能不能把路边的野草生产出来？包括《流浪地球》我看得津津有味——为什么地球还要花1500年去找太阳系的新家园？好奇心不会因为年龄而衰退。永不褪色的好奇心，是爱好哲学的一个标志。爱好哲学的第二个标志是要跟内心对话，要读书、思考。跟内心对话、思考是很重要的。第三是必须要读书，读经典书。所以我是在外交工作中的一个哲学爱好者。

第三点，我是冲着各位读者、年轻人来的。今天一进场，我看到会场上都是年轻人，洋溢着青春的活力。我曾经也有过美好的青春，但是青春是短暂的。我曾经在大使馆说了一句话，那是1999年12月31日敲响钟声的那一天。我说："各位，你们既是跨世纪的，也是跨千年的，不知你们想过没有？"从公元开始计算以来，这是人类的第二代，中国的跨千年第一代是在唐朝后期。你想一想，我们跨第三个千年还要等900多年，所以你们诞生在这个时刻本身就是一个奇迹。你们不仅跨世纪，还跨千年，这是多么不容易，是一个奇迹。而且我们现在正遇到世界百年未有之大变局，力量对比、大国关系和地缘政治等都在发生深刻变化。我们也正处于中华民族伟大复兴的新时代，所以我们要十分珍惜这个新时代。

我是冲着这三个来的：图书馆、周老师和年轻读者们。

德国人参加过我们很多的研讨会，研讨会上领导们的开场白，有三点他们经常听不懂。第一个开场白，一个学者上去讲："今天这个领域我不是特别熟悉，我也没有太好的准备，今天是抛砖引玉。"德国人就在旁边说，既不熟悉，又没准备，你上来干什么？抛砖引玉？还没讲呢，就把自己先贬低，不能理解。第二句话德国人也不理解。开场白说："尊敬的各位领导，尊敬的各位贵宾，今天有那么多高级领导和重量级贵宾在场，我感到诚惶诚恐。"德国人说那么多领导贵宾还分轻量级和重量级，还诚惶诚恐，怪了。为什么诚惶诚恐啊？德国人听不懂。还有在宴会开场的时候——那次是欢迎荷兰首相，我们的主人是这样说的："今天我们欢迎北海之滨郁金香王国的总理到这里，感到无上的荣幸。我们今天是朋友的聚会，所以没什么菜，菜也不好，希望多多包涵。"因为我也懂荷兰文，那位荷兰首相就问我翻译有没有错。我说没错啊。他的确是说今天没菜吗？我说是啊。首相说桌子上不是有10个凉菜吗，还有汤、主食、甜食，一共28道菜，难道没菜吗？英国的伊丽莎白女王到荷兰访问就3道菜，中国人为什么说20多道菜还没菜呢？尤其奇怪的是，他说今天菜不好，希望大家包涵。既然菜不好，为什么不把好的拿出来？这种开场白，外国朋友往往不能理解。这类思维和文化差异的例子还很多。

今天我怎么开场呢？我的开场就两句话：今天我是有备而来；讲得好不好，讲完了以后大家再评价。现在我就开始讲正题了。

首先在讲德国工匠精神以前，我有一个说明。德国的工匠精神是很突出，但不等于德国是唯一一个有工匠精神的国家。我前不久跟周国平老师去参观了故宫刚开放的地方。我们的故宫就有很多地方体现了中国的工匠精神，它的设计、规划、建筑是多么精美，它的家具也是如此。前一天我去中关村的华为参加了交流活动，他们讲完了研发情况以后，我认为华为也有工匠精神：埋头苦干，认准目标，精益求精，经得起诱惑，经得起寂寞，这不是工匠精神吗？所以我今天虽然讲德国有工匠精神，但并不等于别的国家没有，包括我们中国也有很多的工匠精神。

关于工匠精神，我想从四个方面来讲。第一是一颗匠心，第二是两个情怀，第三是三道把关，第四是四种人文精神。

讲到一颗匠心，我想用两句话概括匠心是什么。从德国的历史来说，它的匠心是自强不息、不断创新。讲到德国的自强不息，一定要讲到德国的历史。德国在1871年以前由很多小公国组成，是俾斯麦在1871年把德国统一了起来。但俾斯麦统一德国以后，百废待兴。当时它的工业化进程要比英国、法国落后40年，它是一个工业化迟到的国家，没有太多的区位优势，更没有资源优势。德国的资源就是盐和煤。那时候他说我们的资源就这么多，太少了，我们应多开发头脑资源，办好教育。

两个情怀。1871年德国统一，1876年美国的费城举行了世界博览会，德国的商品在此次博览会上被评为伪劣商品。这真是奇耻大辱啊！1887年，英国议会通过了一个决议，规定凡是从德国进口的商品一定要写上"Made in Germany"，以区别于英国自己的产品，因为德国的产品是伪劣产品。这对德意志民族是奇耻大辱。当然它有工业化的时候。世界市场要被英国、法国等老牌国家分割完了，所以德国当时有紧迫感，于是就开始了为了制造业、为了产品质量的百年大战。我们说十年磨一剑，而德国是百年磨一剑。这是德国的历史背景。在此背景下，这一定跟后面的文化传统有关系，所以我讲到两个情怀。第一个情怀是对职业的热爱和敬重。你很少看到德国人频繁跳槽的，他们选择了职业，就觉得是一辈子的事，要对职业敬重，就像对大自然既敬畏又感恩一样。第二就是对质量精益求精的追求。这两个情怀贯穿始终。这方面我不多展开，而是主要讲第四部分。

三道把关。一是质量关。二是行业标准关，德国自己创造的行业标准有 3300 个，是世界上最多的行业标准。三是人才培训关。我在广东亲自参与过几个培训，一个在佛山，一个在揭阳。但德国是很有特点的，这些培训与其体制和企业的参与及其重要性有关，在社会上是受到尊重的。我的好朋友施罗德总理很自豪地跟我说他就是徒工出身的。一个学徒出身的人毕业后跟研究生、硕士生一样吃香。所以要把好三道关，即质量关、行业标准关和人才培训关。

下面是我讲话的重点。我们现在讲德国工匠精神，讲工匠的多，讲精神的少。为什么在德意志这块土地上出现了这样一种精神？这跟该国的四个人文素质有关系。接下来主要是讲故事了，因为理论上没太多展开的。

第一是严谨。中国人说德国人就是严谨，德国产品质量就是好，哪怕只是一口锅、一把刀。这跟德国人的严谨有关。德国人的严谨是怎么表现的呢？到底哪几方面组成了德国人的严谨？

第一个是守时，这是德国人所说的国人礼貌。德国人的会议，你千万不要早到，早到也不算守时。比如会议7点钟开始而你6点钟到也是不礼貌的。如果你要晚到十几分钟，一般应先给主人打电话说明情况，比如堵车什么的。他们非常重视这一点。

我讲几个在外交活动中曾经发生的小故事。一次，我们的总理要到德国访问，外交部给我的指示是希望德国总理的欢迎宴会不要超过一个半小时。第一站是德国，第二站是法国，第三站是意大利，我是在第一站。负责人问法国、意大利的大使馆都报回来了，你是怎么回事，日程到现在都报不回来？卡就卡在德国总理的宴会要一个半小时。拿出计算器来算一算：欢迎中国总理的是36个人，握一下手说"你好"要2秒钟吧；正式宴会不是马上坐下的，餐前酒10分钟；德国总理的欢迎词要翻译，7分半；我们总理的答谢词加在一起9分钟。然后第一道菜是汤，接下来的凉菜、主菜、甜食各几分钟。用计算器一算是109分钟，所以德国人当时说不行，我说一个半小时不就是90分钟吗，90分钟和109分钟差不了多少，你就写上一个半小时。他说不行的，差19分钟是很大的。时间谈不下来，所以我很为难。我不能写109分钟，因为是一个半小时。后来他们问怎么连这个都谈不下来，我说我碰到一个"方脑袋"，他不拐弯怎么办。后来，中文写一个半小时，德文就写109分钟。这事结束以后我很郁闷，因为德国的宴会107分钟就结束了。对驻法国和意大利大使，我问他们的一个半小时谈得费劲吗。法国说耽误2分钟没事，就说两个半小时；意大利说根本没有谈，你说一个半小时不要讨论了，什么时候结束？3个小时。德国是107分钟。

当然还有一个故事，大家可能看过。我们代表团去法兰克福问路，说："先生，这个地方怎么走？大概多长时间能到？"德国人不理，我们要被气死了，问个路都不理我们，感觉他们很傲慢。我们气冲冲地往前走，估计走了四五十米，这位德国人气喘吁吁地追上去，说："先生，第一个问题，怎么走？你就往前走两条马路，再往右拐50米就找到地方了。第二个问题，多长时间？12分半。"我们问他刚才怎么不告诉我呢？他说："你第一个问题好答复，但问多长时间能到，我就要看看你是跑步走、踱方步还是怎么走，要看步子大小、速度快慢我才能回答。"这是真实发生过的事。守时就是严谨的事，严谨里还包括精确。我们在中国文化中心让一些德国人来做中国菜的时候，教到一半他们又提问了，因为我们做中国菜的时候经常说"盐少许"，但他们要问"少许"是几克。所以德国人会特别精确地告诉你，追究问题非常彻底、非常认真。

我自己碰到过一件事。我那天外出吃饭。吃完饭以后，德国人一般会问一下"好吃吗"。几乎99.99%的人都会说"好吃，谢谢"。那天我故意跟他作对，说不好吃，想看德国人是什么反应。这个服务员很紧张，他说："先生，那你再坐一会儿。"我既然说了不好吃，就不能走，于是坐着等了大概半个小时。戴着高高的白帽子的厨师长出来了，说："先生，你说今天的菜不好吃，能告诉我什么地方不好吃吗？"我是随便讲的，所以我也随便说了个"太咸"。他说，先生你再等一等。我又等了半个小时，又一个戴着白帽子的人出来了。他说他们在厨房把今天说的咸汤化验了一遍，发现所有的配料是完全正确的，没出错，看来这种配方的汤不符合我的口味。于是，他们提出能不能免费给我另外做一个我觉得合适的汤。为了这句不好吃，我就坐了一个多小时。这足见德国人是很认真的。

这种例子举不胜举，还有很多。一次在慕尼黑乘夜车，这相当于中国的动车。那趟车是晚上 11 点 57 分开，第二天 6 点 25 分到柏林。我一般坐飞机或者自己开车去柏林，那次是因为带了两个上海的朋友，说想看看德国的火车什么样。我们那天没带钱，因为我们觉得不需要用钱。那天特别热，两个上海朋友说热死了，口渴死了，但是我们都没带钱。朋友说有早餐券，10 欧元的早餐券，而矿泉水卖 1 欧元。我们拿 10 欧元的早餐券去换一瓶矿泉水，肯定没问题的。于是，我的两个上海朋友就去问列车员："先生，我们没带钱，可是我们有 10 欧元的早餐券，能否用它换一瓶矿泉水。"德国人讲："先生，早餐券是早餐券，矿泉水是矿泉水，不能换。"这两个上海朋友被气死了，说卢大使你去给德国人讲，中华人民共和国驻德意志联邦共和国的特命全权大使要求用早餐券换矿泉水。我说这是闯祸的，他们非常反感这样讲。我让这俩人要有耐心，我来解决。于是我去找列车员，因为他也不知道我是谁，所以一见面就说你大概也是拿早餐券来换矿泉水的吧，不过告诉你，矿泉水是矿泉水，早餐券是早餐券。我说我有几个问题问问他。下一站是什么地方？下一站有什么名胜古迹？我们一会儿去参观参观。德国人很愿意介绍自己的家乡，所以他滔滔不绝地讲了起来。我又问他还有没有一些有趣的故事，他就给我讲。上车时是晚上11点57分，我跟他聊到凌晨1点多钟。然后我说现在几点了。他说凌晨1点36分。我说凌晨是不是表明第二天开始了呢？他说是啊，头一天翻过去了，新的一天开始了。那么，新的一天开始了，可不可以吃早餐？他说新的一天开始了，吃早餐应该可以的，再则我们的火车上没有写上几点到几点是早餐时间。他一想，对，应该可以，从来没有碰到过什么时间吃早餐的问题，但是按规矩来说第二天开始了。我马上招呼那两个上海朋友来吃早餐。他们上来坐下后，列车员便问：先生要面包、咖啡还是矿泉水？"矿泉水！"这个"方脑袋"不就解决了嘛！关键是要符合他的思维，这种故事真不少。

还有一个故事跟这个有点关系。从法兰克福到柏林的一次列车上，一节车厢里坐了3个人，一个是中国人，一个是日本人，一个是德国人。中途又上来一个阿拉伯人，把他带着的鱼缸往那儿一放。另外三个人开始发问。德国人先问："先生，请问这种鱼在生物学上应当如何归类，它有没有一些生物上的特点、特性？"日本人问："这种鱼我要引进到日本去，水温、饲料要注意些什么？"最后中国人问："先生，这种鱼是红烧还是清蒸好吃？"这个故事是我听来的，德国人是会问这样的问题，所以有关德国人严谨方面的故事很多，讲述他们的认真、彻底、精确。

再讲德国人的诚信，有工匠精神而没有诚信作为底线是不能称为工匠的。诚信不是方法，诚信是一个境界；诚信不是营销的手段，诚信是一种精神、一种文化；诚信是无形资产，是一个品牌。在市场经济中，诚信的精神是一个底色。关于诚信的故事有很多，我在这里讲一个自己的。

在座各位都知道德国做西服最好的是 BOSS。那次他们请我去参观 BOSS 服装厂，参观完以后，他说我们还有两个样品间你要不要看看。一个是品牌样品间，另一个是次品样品间。品牌的样品间不用看了，次品作为样品很新奇，于是我就去看了。我的秘书和我去了，看到一件衣服的颜色、版型、大小都特别合适，但我俩就是找不出这套西服的瑕疵在什么地方。我的秘书说那种衣服原来是 160 欧元一套，因为是次品，现在太便宜了。我说既然他说是次品，我再去问问他。我拿着西服去了，说这件次品找不到它次在什么地方。他说西服的右口袋里有一张纸，纸上画了图，这张图显示右臂上有毛病。我马上看右臂，也找不出毛病，秘书说太好了，买了那么好的衣服，又便宜。我说不行，于是再去问他，我说你指的这个地方的毛病我也找不到。他说你过来，从抽屉里拿出一个放大镜，说你过来看，这才从放大镜里看到有根线脱落了。这就是次品。各位想一想，买衣服的人找不到毛病，而做衣服的人却告诉你毛病在哪里。

我回国休假，在北京的潘家园古玩市场看到一个很好玩的小东西，我问多少钱？卖主说 800 元。我扭头就走，不想买。他说先生你还一个价再走好不好。因为我不想买，就随口说了 8 元。他说过来、过来，就把它卖给我了。说到减价，德国是有减价贴条的，每张条减过价的或者下次再减价，如果查出来一张是假的，这家商店就会破产，所以诚信是非常重要的。德国的工匠精神没有诚信作为底线是不行的。所以第二个工匠精神是诚信。

第三点是法治。没有法治的精神，谈不上有工匠精神。这方面的故事也很多，我讲几个自己遇到的事。大家可能不太熟悉什么叫外交信使。文件都是由这些信使送到大使馆的。《维也纳国际公约》规定不能查外交信使的行李，也不能搜身。有天法兰克福机场大雾，所以就改为一个小机场。这个小机场的海关不太熟悉情况，一定要查行李。我们给他讲《维也纳国际公约》，他说没听过，要查。我们说这比外交官还厉害，不能查，结果他一定要查。我说请你们的长官过来。长官过来了，问发生了什么事。我说他们是外交信使，行李不能查的。那个长官说对呀，不能查，放。那位海关官员说："长官，我进海关是你上课培训的，我都做了记录，可你在培训时没讲过外交信使不能查，今天我是第一次听到。长官，要请你写下来，给我补一堂课，是你讲的不能查。"当时我看了很有意思的。

还有一次，我们礼拜六有一个重要贵宾要宴请，而厨房说缺西红柿。礼拜六德国的市场开到下午4点。我们的车子到了市场已经下午4点过2分，商贩正在收摊。我说买两个西红柿，他说先生，不行的，现在已经4点2分了，4点以后是不能卖东西的。我们很郁闷，西红柿汤没西红柿不行啊。他看我们非常无奈，说4点钟以后买卖是不能做了，但是我现在送你两公斤西红柿，这就不是买卖了。德国人有这种法治精神。

有时候这些"方脑袋"的做法可能会把人弄烦。例如，有一次我坐飞机从柏林到法兰克福，已经在起飞的飞机里坐好了。我在迷迷糊糊的时候，后面一个人过来敲我的椅背，我说：你有什么事？他说："先生，你坐错了，这个座位是我的。尽管我后面已经有座位了，没关系，但我必须告诉你，你是坐错了。"我都迷迷糊糊地睡了，他自己后面又有位置，但他一定要指出来你错了。这就是德国人。这样的例子太多了，法治精神已渗透在他们的血液中。

第四，求异思维。这有时候也说成标新立异，或者对不同的东西有好奇心，他会追问，不反感。可能我们现在还会遇到这种情况，即很多在国际化道路上出去合作的企业家其实不知道对方对你反感的地方。因为没人向他们反馈，所以回应的报告都是圆满成功之类的。比如西门子的总裁有一次与我谈话，说今年接待了十四五个代表团，但他不解的是为什么中国代表团最后离开西门子的时候基本上都是三句话。我问哪三句。"国家是美丽的，人民是友好的，接待是周到的。"没批评，没建议。他说你是不是给每个代表团统一口径了，所以他们只讲三句类似的话。我说德国是一个大国，每年访德代表团大大小小 100 多个，我们怎么会统一口径呢？他说反正听惯了。后来又过了若干时间，他提出表扬，说这个代表团你要表扬它一下，因为他们最后离开西门子的时候给我们提了三条意见。我问哪三条。第一条，德国的中国留学生有 25000 个，为什么这些材料不翻译成中文？或者临到最后才翻译，早一点翻译成中文不行吗？这条意见很好。第二条意见，你知道我们来一次德国不容易，你却老是在做报告介绍，参观太少了。西门子的实验室、培训基地等很多地方可以参观参观，希望下次来参观的地方多一点。第三条意见，我听了好半天才听懂，后来他一说我知道了，是什么意见呢？大大黄油、起司、果酱、面包，吃一两天可以，吃十来天胃受不了，所以要求尽量弄点汤面或稀饭。他说提得好，第一感到真实，第二以后可以改进，文件翻译成中文，多安排参观内容。唯一的问题是汤面和稀饭他们不会做，不过没问题，有时候中国代表团会住公寓式旅馆，住处有厨房，他们可以自己做。

所以我经常告诉我们的华侨留学生，在德国要拿起法律的武器，像华为一样拿法律的武器来维护自己的权利。比如德国人在这个教室里讲完课以后，问各位对他有什么看法，今天讲得怎么样。如果有一个学生站起来说非常精彩，令其受益匪浅，当然他也会高兴的，也会表扬这个学生，但是不一定很重视其表扬。如果有另外一个学生起来说对他讲的一些观点不太赞同，能不能留一点时间进行辩论，他会对跟他辩论的学生非常看重。这就是求异创新。德国的文化里，一个是求异，一个是个性化。这类例子也有很多。

我们中国代表团到德国以后，德国人问今天晚上各位想吃什么。中餐馆我们有十几家，也有意大利餐馆、法国餐馆、希腊餐馆，请问各位今天晚上是吃西餐还是中餐？中国人的回答大多数是"随便"。"随便"让德国人不好办，很郁闷的。哪怕十个人说吃意餐或中餐会麻烦一点也没关系，但他们不太喜欢"随便"。后来又问，明天是星期天，你们愿意购物还是参观？我们刚才讲"随便"，看到主人的脸色不太好，所以就换了一个词——"客随主便"。"客随主便"和"随便"的英文是一样的，但是我给德国人解释说"客随主便"是中国人不想给你找麻烦，你怎么方便怎么安排。这本来是一个好意，但是德国人觉得为难。这就是个性化、求异。在跟德国人的接触中，这些都是会经常遇到的情况，是整体性思维和个体性思维的差异。

如果你到欧洲对这些东西都了解以后，你会深刻地感觉到它，很快就会碰到差异。到了欧洲——不只是德国、法国和荷兰——我会问一个问题：为什么中国的庙宇和道观都在深山老林而教堂必须在市中心？这本身就是一种差异。其实中医和西医的差异也是很清楚的。中医把人体看作是一个小宇宙，是整体性的调理，通过活血化瘀、以毒攻毒来扶正祛邪。但是如果你有机会去博洛尼亚大学，会在这所大学看到第一例人体解剖，看到它的解剖学、细胞学。西医研究病毒的分子结构，然后研制生物制药消灭这个分子结构，所以西医它更多是个体性。德国的求异思维也是很重要的一点。

刚才讲了严谨、法治、诚信、求异，我再讲一点。德国现有360万家企业，其中超过200年的有538家，100家大公司的平均寿命是99年，360万家企业里有92%是家族企业。所以如果各位想研究德国的工匠精神，如果各位有机会考察德国，我建议大家去考察德国的1500家隐形冠军。这些隐形冠军不上市，但它们中有些属于全球500强制造企业，甚至有的时候是第一。所以，德国工匠精神在这1500家企业当中，在这些隐形冠军里面体现得尤其明显。

我希望在座的各位青年朋友在新时代，尤其在深圳这个改革开放的高地，要加强与世界的交流与合作，增进相互了解，达到合作共赢。德国是欧盟中的重要国家，加强中欧和中德合作有利于世界和平与发展。在人员交往中会存在文化和思维等差异，所以我们既要了解差异，也要尊重差异，通过平等对话尽可能缩小差异，使中欧和中德人民之间的友谊进一步扩大和深化。

用灵魂去摄影

——与众不同的拍摄方式

林铭述[*]

一、从音乐到摄影的跨界

　　非常荣幸今天来到坪山图书馆和大家见面！我今天主要是介绍一下我拍摄的经历。我 12 岁考入中央音乐学院附中，中央音乐学院毕业后又分配到中央乐团，后来到美国取得 Temple（天普）大学音乐硕士学位。遗憾的是我没有学建筑。家父林乐义先生是著名建筑师，他非常喜欢古典音乐并影响了我。

　　常常有人问我："你是音乐硕士，又搞建筑文化，现在还做专业摄影，这三者是什么关系呢？"我喜欢用一句话概括："摄

---

*　旅美艺术家、中国摄影家协会专业委员会委员，其父为著名建筑师林乐义。著有《摄影的跨越》《与光影共舞》《用灵魂去摄影》《中国古建筑摄影》等。

影师是一个凝固音乐的演奏者。"此话源于一句名言，即德国哲学家谢林曾经说的："建筑是凝固的音乐。"推而广之，风光、人文也具有音乐韵律，因此可以说"摄影师是一个凝固音乐的演奏者"。我在音乐圈摄影水平较高，在摄影圈音乐水平较高，在建筑圈音乐和摄影又比较好，是依靠音乐进入摄影平台的跨界者。所以，我是三个"半瓶子醋"，也可以说是一个杂家。

1973年费城交响乐团来到中国，这是新中国成立以来访问中国的第一个西方交响乐团。其间，我有幸认识了恩师加菲尔德先生，他热情欢迎我去美国学习。从1974年申请赴美开始到1984年，整整经历了10年才被批准拿到签证。可是我在美国刚刚拿到音乐硕士时又发生不幸，1990年参加美国尼亚加拉大瀑布音乐学院北美师生聚会后回程途中发生了车祸，造成脖子和脊椎重伤，被救护车拉到医院，医生告诉我以后不能再演奏了。于是一个问题出现了：今后以何为生？

犹太裔钢琴家兰兹

正在困惑之时，有一天我在餐馆里碰到犹太裔钢琴家兰兹。他愁眉不展地给我看一封信，信上说一周内必须交四张照片给经纪人做广告、CD封面和节目单。兰兹说找不到摄影师，即使有也必须预约一个月以后才能拍摄。我脱口而出："为什么不找我呢？我就是专业摄影师。"第二天我拿着唯一的尼康 FM2 相机到他家里拍摄。我让他随意弹琴演奏，根据音乐节奏进行抓拍，结果经纪人和兰兹对照片很满意，照片不仅上了广告，还登在当年的美国年鉴上。

这是我给美国一位指挥家拍的黑白照片，这个时候已鸟枪换炮，灯光设备比以前好一些，一年以后开始拍摄更多音乐家的肖像。

目前我在北京国际摄影周开办了"音乐影像学"，由中艺影像发起承办。这是首次在中国开展的课目，旨在研究音乐与摄影的关系。虽然离开了音乐专业，但数十年的音

美国指挥家

"世界最美图书馆"葡萄牙里斯本图书馆

乐经历为我的摄影打下一个非常良好的基础。

2005年，我开始在国内尝试拍摄建筑。上页下图是我在北京拍的第一张定制专业建筑作品，作品中前景和后景有机结合在一起，形成更开阔的空间，光柱形成的节奏感则具有强烈的韵律。我的摄影作品也逐渐得到建筑师和摄影界的认可。

二、用灵魂去摄影

我今天的题目是《用灵魂去摄影》，这也是我一本新书的标题。葡萄牙里斯本有一个号称全世界最漂亮的书店，我在书店内看到一本书，封面的一句话"当你拍照的时候，不要忘记你的灵魂"，让我感受颇深。康定斯基说每一件艺术作品一定要有一个内心的动力激发你，否则那些技巧是没有用的。我今天要跟大家讲的最重要的内心动力是什么？对我来讲就是音乐，音乐是你活着的时候唯一能看见的灵魂的一部分。

　　北京的远洋大厦。拍摄它的天井构成一幅比较抽象的图画。这些都是后来的十年中拍的一些定制照片，都是为各个公司、各个房地产商拍的照片。拍摄地点在全国各地，其中包括深圳。你们可以从这些照片里看到我很注意拍摄对象的节奏感、韵律感，只有这样照片才有生命力。十年以来，我形成了一套拍摄经验和实践，就是"四全"拍摄法。按照这个方式拍摄，可以事半功倍。

北京远洋大厦

"音符"一样的开发银行

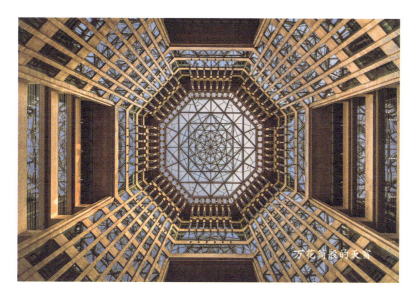

万花筒般的天窗

　　我在拍上页开发银行这张照片的时候，窗口里面是空的，需要有人走动，像音符一样流动，于是打电话找一些人走来走去，营造出乐谱中音符飘动的景象。

　　我仰拍天窗时，也感觉天窗设计得非常漂亮，像万花筒一样。

　　亚当斯说好的照片是"可以让人听到音乐的"，这里音乐描写的是清晨的景色。

坝上早晨

颐和园的栈桥与少女

　　我把在坝上拍的一组照片配上音乐，音乐中坝上的早晨雾蒙蒙的，可以看到一行白鹭，清晨的光斜射到地面上。实际上我在拍的时候人山人海，好在我找到了一个较好的位置。

　　用灵魂去拍摄应该有一个动力。喜欢音乐可以用音乐做动力，喜欢书法可以用书法做动力，也可以用诗歌做自己的动力。总而言之，"功夫在诗外"，要有从心灵激发出来的意境才是好作品。

　　颐和园人山人海，众人忙于拍摄金光穿洞，很少人在这个角落拍摄。我拍的这张照片中，一个少女在栈桥上孤独地站着，远处是落日下的玉泉山，人与自然的融合产生"天人合一"的感觉，在照片中感受我们的心灵。

　　音乐和建筑是分不开的，建筑和音乐结构的基本原理是一致的。音乐、建筑和摄影在结构源上有相通性，摄影画面中的点、线、面跟音乐中的音符、旋律、和声是相互关联的，声谱和光谱也是密切结合的。音乐是时间的四维空间，建筑是立体的三维空间，而摄影则是平面的二维空间，将四维空间和三维空间浓缩、集中和概括在二维空间上则是摄影艺术的特点。

　　从形而上学来说，音乐是打开摄影艺术的一把金钥匙，从形而下学来说，它又有许多具体的连接点。从理性层面上来认识和理解音乐与建筑的关系，需要进一步对音乐中数和建筑中数的和谐进行思考。音乐和影像都有数的物理特性，其次它们还有逻辑的关系。在古希腊哲学的辉煌时期，数学家毕达哥拉斯提出"美是建立在数的和谐的基础上"；巴赫早在复调音乐中就将数字关系运用得淋漓尽致。

镜像中的北京中央商务区（CBD）

　　建筑乐谱式的图像来源于镜中影像，五线谱在形象上与音乐联系得密切，是一种理想的音乐图像。你可以把纬度看成是音乐的时间性的进行，而经度形成了音符高低起伏和强弱的变化。

深圳的"蜘蛛人"

凤凰传媒

点点音符在玻璃幕墙上坐落于城市与山水之间。

建筑概念就是写成音乐的乐谱，它的音符所描写的是不同的节奏和更持久的旋律，墙与墙之间的距离犹如音符与音符之间的关系。

这是非常有名的哈尔滨歌剧院，我们通过照片可以感受到它的旋律线，从灯光的线条可以感受到它的节奏点。摄影时，脑子里一定要有一个基本的出发点，就是我要表现什么。

凤凰传媒中心是由邵伟平先生根据莫比乌斯环的结构设计的。上页这张对称的照片是利用一个小茶几的面板拍摄的，具体做法是把照相机放在镜面上拍摄镜面映出的倒影。用这个方法可以拍出很多有意思的照片。

从音乐的角度出发，中间点往外伸张，仿佛传递出一个渐强的声音，音响在逐步增强扩大。亚当斯讲到好的照片是可以听到

凤凰传媒中心演播室的一段圆梯

哈尔滨歌剧院

音乐的时候说："这不是我故作玄虚，而是结构上的感觉。"亚当斯在很多论述中都讲了音乐和摄影的关系。

北京大兴国际机场是全世界最大的机场之一。下面这幅照片上的旋律线、节奏，以及里面的色彩组成的现代化格式构图，以不同的蓝、红、黄三原色对比展开，整个大厅像一朵花一样绽放。设计师扎哈·哈迪德是著名的现代主义建筑大师，令人惋惜的是她60多岁就去世，使这座机场成了她的关门作品。

北京大兴国际机场

扎哈·哈迪德在中国有众多作品。广州大剧院是哈迪德在中国的第一个作品，北京银河SOIIO建筑群、湖南梅溪湖文化园、丽泽大厦和北京大兴国际机场等也都出自她手。

她有一句名言："我确信建筑是无重力的，是可以飘浮的。"哈迪德是"玩弄"形式的大师，认为建筑可以离开语言，这种无重力的离开语言的境界恰恰犹如音乐在飘浮。

广州大剧院

无重力飘浮般的湖南梅溪湖文化园

下面讲一下影像中的音乐是怎么体现出来的，这是很有意思的话题。冰岛是冰和火交集的地方，一方面冷酷得像冰一样，另一方面地下又是炽热的火山。

我用西贝柳斯小提琴协奏曲的音乐来诠释冰岛。西贝柳斯是芬兰伟大作曲家，赫尔辛基公园里有他巨大的雕像。小提琴协奏曲第一乐章表面似乎冰冷，但是它又有一种火山爆发一样的感觉。这段录音中是日本小提琴家美岛丽在演奏，她把小提琴拉得激情似火，不断孕育情绪，当你觉得很平静的时候，突然仿佛一股大浪扑过来，就好像今天早上在坪山雕塑艺术创意园看到的日本艺术家的海浪。

冰岛

吹箫仕女像

　　银泰大厦的高层大厅里，一位吹箫的仕女将音乐旋律向外展开。

　　音乐和摄影是有通感的，艺术是相通的。叔本华讲音乐是艺术的皇冠，处在艺术金字塔的最高位置上。康定斯基进一步论述了艺术金字塔的三角形阶梯：最底层是具象的东西，越往上层越抽象，而最顶端的就是音乐。所有艺术里，只有音乐是看不见摸不着、离开语言的一种思维。音乐离开了三维空间和二维空间，在四维空间的时间中流动，虚无缥缈，来无影去无踪。

　　我在西班牙毕尔巴鄂看到古根海姆博物馆，对这个建筑情有独钟。它是加拿大建筑师费兰克·盖里设计的，因其钛合金的金属材质而光彩夺目。照片上面是阳光，中间是蓝天，下面是灰色颜色的组合形成。底下有一对情侣，通过这对情侣的画龙点睛把爱注入画面中。

古根海姆博物馆

圣家族教堂

  上页照片所示为高迪设计的圣家族教堂。西班牙建筑非常前卫，从高迪开始已经不按照直线来设计，而是用各种各样的弧线跟大自然融合起来。

  《云端上的富士山》是我好不容易才拍到的。在高速公路上疾驰的汽车里，我从远处看到富士山在云雾中时隐时现，预感可能富士山还会出现。果然，不久后我突然发现富士山在司机前窗玻璃中出现，于是我从最后一排冲到前面拍了几张，其中这一张还是很不错的，许多杂志都发表了，可以称为"云端上的富士

在多瑙河上拍摄的匈牙利国会大厦

山", 也可以叫作"富士山下的小镇"。

丝绸般的溪流如旋律流动。

上善若水。水流是非常美的。现在播放的是斯美塔那的交响
诗《沃尔塔瓦河》, 音乐极具画面感。

小溪流逐渐流入多瑙河, 直奔大西洋。

海岸线的岩石, 还有飞翔的海鸥, 像一幅幅油画。

日出的大海是小溪最终的归宿。

云端上的富士山

丝绸般的溪流

海岸线的岩石与飞翔的海鸥

日出大海

三、摄影三原则

摄影最重要的原则是什么呢？

有三个摄影的原则来衡量照片的好坏，可以用三个字母"SOS"（Simple Original Story）来表示。字母 S 是简洁，O 是原创，第二个 S 是故事。很多人弄不清楚拍的照片哪张好时，可以用这三个原则来分析试一试。

第一个原则是简洁。达·芬奇讲："艺术成熟的最终标志是简洁。"一幅好的照片一定要主题鲜明，不要搞得很复杂。很多影友在照片里喜欢把什么都搁进去，结果照片不好看。所以，构图一定要简洁。

第二个原则是原创。作品应该是摄影者自己个性化的原创作品，而不是对别人的模仿。当然摄影初学者是可以模仿的，就像写字一开始要描红一样。不描红怎么写好字？有一位影友拍古建筑，还写了一篇文章《跟林老师学习》，谈学习摄影要从描红开始。他模仿我的五台山建筑照片，经过了几次就摸出门路，现在越来越出色，他出版的古建筑摄影书现在已经成为畅销书。

哈尔滨大剧院由马岩松设计。剧院远看像两座小雪山，舞台设计漂亮极了，是非常了不起的作品，简洁而充满了旋律。这幅照片是用小飞机从空中拍摄所得。我这里用了法国作曲家萨蒂的玄秘曲，简洁的音乐配简洁的现代建筑相得益彰。

第三个原则是画外音，要有故事。有时候我们需要一些含蓄。

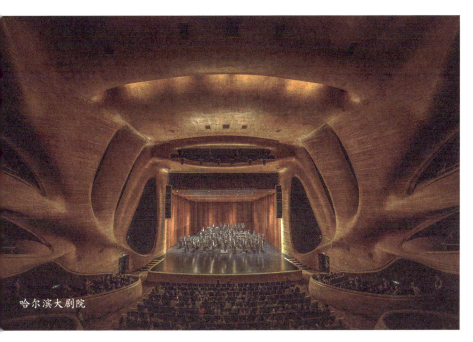

哈尔滨大剧院

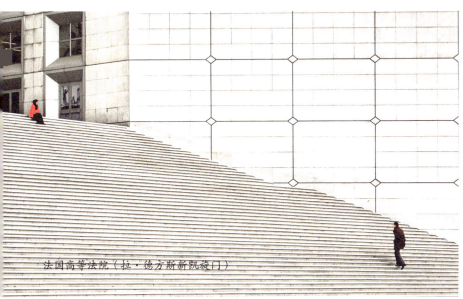

法国高等法院（拉·德方斯新凯旋门）

　　上页这幅照片很有趣。法国拉·德方斯新凯旋门是一座高等法院。照片中，一个女士在上面坐，一个男士在下边走，他们是来这里办离婚手续还是结婚手续？还是擦肩而过？总而言之，这里有一个可以想象的故事和画外音。

　　音乐的一个重要结构是奏鸣曲式。形成鲜明对比的下面这张照片是在北京尤伦斯画展拍的，上面是展出作品中的牛鬼蛇神、群魔乱舞，下面是一个天使般美丽纯洁的小孩，和魔鬼的

呼喊的魔鬼与天使般的女孩

呼喊形成对比。我们可以找机会表现摄影中的冲突，让你的故事更加鲜明。

四、"四全"拍摄法

下面讲一下"四全"拍摄法概论。这是我在长期实践中总结出来的一些经验。"四全"拍摄法的"四全"是指：全焦距、全方位、全天候、全过程。按"四全"拍摄方式来摄影可以事半功倍。我从 2005 年到 2015 年拍了十年定制建筑摄影，经常碰到一种情况，就是一旦被安排好去某个城市拍，比如今天到云南昆明，明天到腾冲，后天到贵州都匀，没有任何选择的余地，无论是阴天下雨还是雾霾天晴，甲方仍然要求四天把照片都拍完，而且飞机和酒店都已经预订好。这样一来，我就要想办法在任何情况下都把照片拍好，所以逐渐总结了一套"四全"拍摄法。目的是在同样的时间、同样的地点和同样的天气条件下，用"四全"法保证照片较好的质量。

第一，全焦距，镜头的选择和风格；

第二，全方位，构图的取舍和角度；

第三，全天候，各种状态下的光影；

第四，全过程，前后期制作的统一。

可以这样来解释：全焦距是指在同一地点用不同焦距的镜头拍摄才能更精彩；全方位是指同一个主题要从不同方位和角度才能拍得更好；全天候是指同一处景色在不同的光影下拍摄才更新颖；全过程是指同一个影像，前后期过程统一才能更完美。

（一）全焦距——镜头的选择和风格

镜头是心灵和世界连接的桥梁，多一种镜头焦距就多一只观察世界的眼睛。全焦距的核心是尽可能使用镜头的全焦距，即从超广角镜头到长焦距镜头的全焦距段的拍摄，此所谓十八般武艺样样精通。眼睛是心灵的窗户，镜头是眼睛的延伸，摄影者和世界通过镜头搭建的桥梁来连接，因为镜头是传情的，运用更多的摄影手法，掌握更广泛的镜头焦距来表现世界，才能充分发挥你的潜能。经常使用自己得心应手的镜头将形成个人风格，而掌握镜头的焦段范围越广，拥有的表现手段也会更丰富。为包揽各种视角的可能，我主张带足涵盖各种不同焦距的镜头，最起码要涵盖大三元镜头的焦距，拥有的镜头至少包含 16mm—200mm 的焦距段。这是一个基本要求。我经常携带的是 12mm—400mm 焦距段的镜头，有时焦距段扩展到 10mm—600mm。同样的拍

摄对象，要使用镜头不同的焦距而形成不同的风格。

超广角镜头有什么特点？超广角镜头有强烈的透视感和广阔的空间。拍摄的时候，几个要点请大家注意：

1. 用超广角一定要学会横平竖直；

2. 运用引导线，使用对称结构拍摄以避免变形；

3. 强化前景和景深的应用，超广角拍摄时把光圈开小可以达

青海可可西里翡翠湖边

到超焦距效果。

　　独特的前景选择。超广角要拍好，很重要的就是对前景进行选择。学会往下看、往地面看。地面往往有很多很小的东西不引人注意，但一块石头或几根小草可以变成很大、很漂亮的前景。

　　超广角肖像也是很生动的，是环境中的人像。用超广角镜头进行街头抓拍和盲拍是我经常用的方式，易于达到出奇制胜的效果。我经常使用 16mm 超广角镜头盲拍，因为这样比较容易抓住

超广角拍摄的肖像

主体而不至于走偏。重点是你要用心去构图，拍摄时尽可能离对象近一些，后期可以做一些适当的剪裁。

上页照片是用 16mm 超广角镜头在摩洛哥盲拍的人物，片中的老人拍得非常清楚而周围环境被虚化。

长焦距镜头的特点刚好和超广角镜头相反：空间被缩小，透视被弱化，形成了散点透视，具有平面化和抽象化的特点。

长焦距镜头下的可可西里沙漠如同光谱。

这是在青海可可西里用长焦距镜头拍摄的光影交错下的昆仑

青海可可西里昆仑沙漠

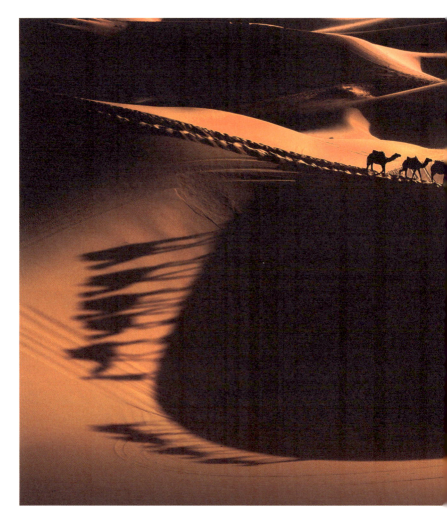

沙漠，具有抽象化的特点。

　　最近赴青海茫崖、肯尼亚和南极拍摄使用了索尼 RX10-III 相机从 24mm 到 600mm 的焦距段。科技的发展总是让人惊奇，结果出乎意料。虽然专业的长焦具有更高的质量，但是再加上一个沉重的三脚架，结果可能是会失去机会和时间。随机应变的轻便性是一体化大焦段相机的优势，照片质量达到一般要求也是没有

撒哈拉大沙漠

问题。

在上图用24mm广角镜头拍摄的撒哈拉大沙漠中，光影对比形成的曲线清晰可见。

对各种镜头进行比较，从综合素质来看大变焦镜头最适合旅行摄影、风光、建筑的拍摄，甚至人文、纪实都可以胜任，因此一镜走天涯的大变焦是不错的选择。

赶骆驼的牧民

我在摩洛哥用 600mm 长焦镜头拍了一个人物特写。这是一个赶骆驼的牧民，可以看到他眼睛和鼻子上的毛孔都清清楚楚，说明这个镜头很不错。这种大变焦虽然没法和专业镜头比质量，但是抓住决定性瞬间拍摄出好作品才是更重要的。

手机拍摄是未来发展的趋势。华为手机的拍照功能很强大，苹果也很不错。可以加一些附加镜头使手机变成全焦距。苹果手机可配增大一倍的 50mm 镜头拍摄。

《摩洛哥蓝色小镇》是用华为手机拍摄的，图中间走过的一个红衣女子成为视觉中心。

如果手机不能拍广角，可以用接片方式来实现广角效果，竖着拍横街，就可以拍出在大的画册上出现的照片。

不管用手机还是相机，都要尽可能用全焦距。相机当然比较好说，但现在用手机已经成为时尚，华为 PRO 机型有三四个镜头，也在逐步走向全焦距的方向，或许有一天专业摄影师也要拿手机拍摄了。

总之，摄影者既要学会为不同地点选择不同焦距，也要在同一地点使用不同镜头焦距，把握好距离、光圈、焦距的组合及最后产生的效果。

（二）全方位——构图的取舍和角度

全方位是对构图的取舍和角度，要避免"糖水片"以拍出与众不同的好照片。

1. 构图简洁最重要

一个画面一定要有一个清晰的主体，表现一个主题。摄影构

摩洛哥蓝色小镇

图的基本法则是减法。摄影师按照自己的主观意愿和审美情趣，以镜头截取客观世界中的部分以适应主题的需要。

2. 照片要均衡

构图均衡首先是指在构图时需要凭直觉去感受，要使构图看起来舒服。构图切忌一边重一边轻，或者是头重脚轻。

珠海歌剧院 L 形构图显示出整体均衡。

构图是平衡的过程，犹如一个天平有时对称，有时需要用杠杆，就像阿基米德所说："给我一个支点和足够长的杠杆，

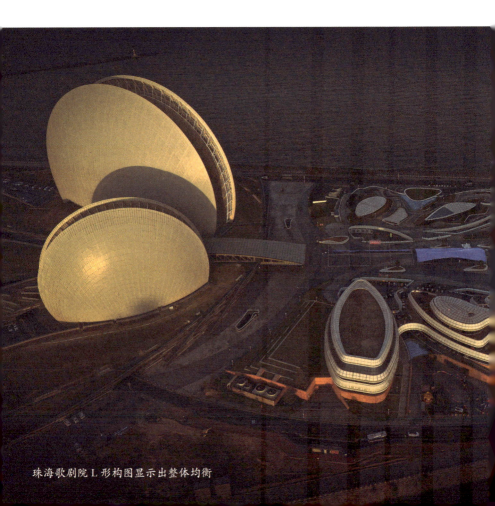

珠海歌剧院 L 形构图显示出整体均衡

黄金点构图示例

我就能撬动地球。"即所谓四两拨千斤。这种情况下常常出现某一方面空白过多的时候，这时可以用一个小的因素使之平衡。

3. 采取几何模式的拍摄方式

一些初学摄影的朋友不知道拍摄时如何取景。其实，我们可以从规则的几何图形做起。如果你在拍摄时脑中有这样的一些基本规则模式，将会事半功倍，规则模式会给你带来创作中更大的自由。当你熟悉规则后才能够运用自如，向更开放的构图模式展开。

黄金规则和"三分法"一脉相承，几乎适合各类艺术，是大自然和人体美的法则。

冰島的一座教堂

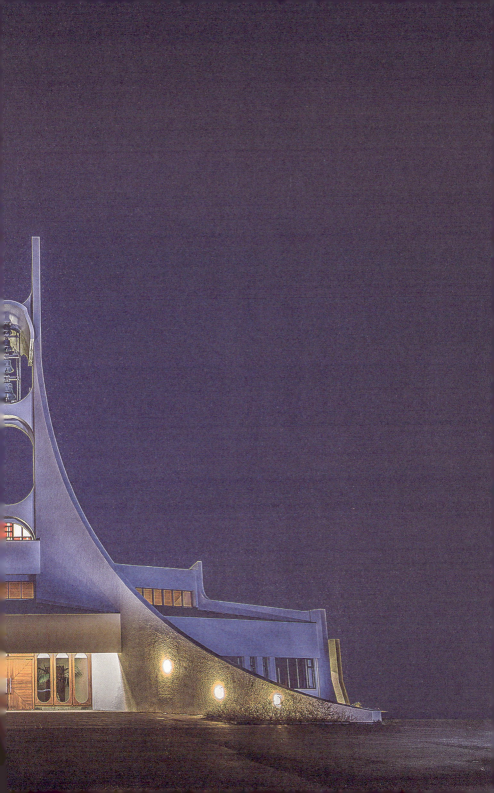

上一页照片是冰岛的一座教堂，照片采用了三角形构图。

教堂坐落在冰岛一处岩石上，很漂亮。新教堂跟过去的传统教堂不一样，其整个设计完全现代化。三角形构图方式是造型艺术的常用手法。

哈尔滨歌剧院的楼梯

哈尔滨歌剧院的楼梯，曲线构成无穷尽的境界。

曲线构图实际上是旋律的流动，是一种最美最富想象力的构图。曲线构图有多种，比如 O 形构图、S 形构图、L 形构图等，千变万化。你很容易在风光建筑的拍摄中发现这种曲线的流动，这种流动的美如同音乐中旋律的美。

4.与众不同的角度

同一主体要采取不同的方位和角度拍摄。全方位取景构图是

故宫古建筑

摄影成功的前提，与众不同的方位和角度是关键。

用平拍表现故宫古建筑的宏伟壮观，使用超广角镜头取框中画的结构。

下一页照片是仰拍上海金茂大厦、环球大厦、上海大厦。

俯拍：用大疆御2无人机拍摄哈尔滨歌剧院，直上直下是所谓"上帝之眼"（图见后）。

上海金茂大厦、环球大厦、上海大厦

哈尔滨歌剧院

（三）全天候——各种状态下的光影

下图显示的是上海名邸公寓的光影。

摄影是完全依赖光影的艺术，被称为光画。与光影共舞，是指在各种光影情况下都能拍出精彩的作品。

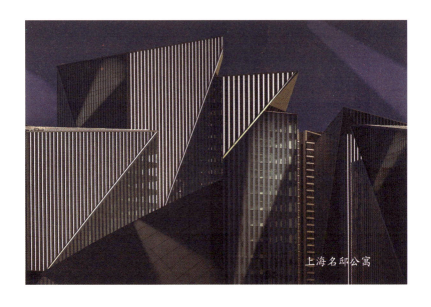

上海名邸公寓

一个好的摄影师，不能下雨就不出去拍片。深圳经常有暴风雨，暴风雨之后往往会出特别好的片子。而且影调特别重要，要通过光线进行构图表现，让光影成为你的画笔。

顺光：《飞机上看到的佛光》，登在去年的《中国国家地理》杂志上。

我们在四川峨眉山可以看到佛光。佛光是非常直的顺光，太阳一定是从你后面打在前面的云雾上才能形成佛光。

阴天的柔光，就像大的柔光箱发出的光线，非常均匀。这是

飞机上看到的佛光

冰岛草帽山

非常有名的冰岛草帽山。

另外，拍摄雾景抓住一个漂亮的前景会有层次感。无论拍山还是街道，利用云雾都可以拍出很不错的片子。

这张照片是我在摩洛哥撒哈拉大沙漠拍的。我骑在骆驼上，看到景色不错便用超广角镜头拍了我们的影子。广角镜头下骆驼的影子变得十分夸张，其细腻的层次在沙漠上都表现出来了。

摩洛哥撒哈拉大沙漠

星芒的拍摄：拍摄时等待中间经过一个最合适的人影，后来看到妈妈带着两个孩子经过还不错。逆光下的阿拉伯建筑，对着太阳出现了光芒，形成三种鲜明不同的颜色。拍逆光的时候不要怕对着太阳，当把光圈调小，用广角镜头 24mm 焦距以上就可以出现很好看的星芒。

在《逆光下的哈尔滨远景》中，雨后的倒影色彩缤纷，是对称式构图，类似音乐的复调卡农手法。

好看的星芒

逆光下的哈尔滨远景

日落后的玫瑰山色

《日落后的玫瑰山色》：台湾最高峰是 3000 多米，上图是我在太鲁阁上拍到黄昏景色。

《渔夫唱晚》是我在缅甸拍的。照片中的渔夫为保持平衡扭来扭去，旁边的水纹像孔雀开屏一样。

渔夫唱晚

《美国西部的羚羊谷》，我在拍摄时利用光影表现不同的颜色——蓝、红、黄，形成非常奇异的光影结合。

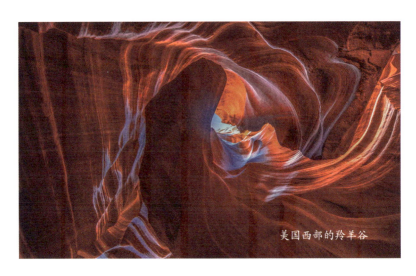

美国西部的羚羊谷

雨中的黄石公园

上图是雨中的黄石公园，有一种沧桑感。对我来讲，不同天气就是不同的调式，而这就是小调。

黄石公园"地球之眼"

左图是非常有名的黄石公园"地球之眼"。我只拍了它的眼睫毛部分，还有一对情人走过，形成旋律、音符、节奏的交织。

99

　　下图是黄昏时分的大峡谷。它像被刀切了一样，一块一块，很有节奏感。我捕捉到打在这里的最后一束黄昏光线，再晚一点就没了。

黄昏时分的大峡谷

　　往往在大家都在拍的拍照点出不了好片，因为没有新鲜感。你要自己找感觉，离开大家而不要从众，角度上不要从众，光线上也不要从众。

　　大家在深圳很难见到下雪，有机会到长白山看一看。其实，现在不用到长白山，到浙江就可以看到雪。去年宁波请我去，因为宁波 2 月份下雪了。

雪景

（四）全过程——前后期制作的统一

拍摄得到的照片绝大多数并非完美无缺，需要通过后期的再创作去弥补其缺憾。摄影者必须树立摄影全过程掌控的创作观念，必须认识到摄影艺术是前期和后期完美的统一。

故宫午门的倒影，是通过前期和后期统一协调的创作结果。

全过程前后期的统一是艺术摄影创作最重要的因素。一张照片往往都是具象的，而不断变化并走向抽象的过程才是艺术创作的过程。这个过程是个性化的，技术越复杂含金量越高。

安塞尔·亚当斯在摄影技术上著书立说，创造了"区域曝光"

故宫午门的倒影

肯尼亚的火烈鸟

的理论。他的精湛技术是为完美艺术的创造而形成的。亚当斯在四五十年前就说快门按下来仅仅是摄影的50%，剩下50%是在暗室中完成。底片就像乐谱，暗室制作过程就像演奏音乐。亚当斯把音乐跟摄影的关系讲清楚了，后期制作是演奏音乐的过程。亚当斯的重要论点为摄影艺术奠定了影像全程控制的理论基础。

我多次观看过安塞尔·亚当斯的原作展览。这些照片从用大画幅照相机精准拍摄、操作，再到暗室放大的完美制作，都是摄影史上的经典，深深印入人的脑海中，也成为人们学习效仿的榜样。

肯尼亚的火烈鸟，后期对前期预想的实现。

拍摄要有预想，对照片的影调要有想象。前期拍照时要有一个后期思维，要能够预想后期结果。比如天是灰的，我们也可想象拍出来通过后期创作则可能

亚当斯风格的黑白照片

变成红的。好的照片一定是前后期完美统一的结果，甚至有人认定摄影艺术是"三分拍，七分做"。当然，这里指的是艺术摄影，纪实摄影就必须是原生态，后期基本不能调整。如果是人文纪实、新闻报道，投稿照片只能有简单基础的调整而已。

回到亚当斯时代，这样的黑白色调感觉很舒服，因为黑白摄影是彩色的浓缩和概括。在拍黑白照片时，学习大师的构图和影调是最好的办法。我昨天到深圳雅昌艺术中心看了许多画册，很受启发。

威尼斯落日

　　亚当斯的论点是摄影艺术全程控制的基础，而一镜定格的JPG 方式是幻灯片拍摄方式的延续。幻灯片是一种反转片的拍摄，也很复杂，只是后期的预想要在前期设定，最后由厂家或图片社完成。前期一定要设置好。现在几乎每种相机都有前期设置，比如标准、鲜艳、高反差等，但是那终究是厂家的标准化设置，个性化创作才是更重要的。

　　后期制作前必须设置 RAW 格式，最重要的一点是请大家用ACR 方式。

朦胧感是走向现代创作意识的第一步。没有更清晰的边缘，被模糊化了，像水墨画一样被模糊了、重叠了，慢慢走向更抽象化的状况。这种结合也是用后期制作。

前页图所示为经过后期朦胧处理的威尼斯落日。

五、摄影的交响乐境界

交响乐带来一种宏伟、壮观、崇高的力量。美学中的"优美感"和"崇高感"并不是修辞概念而是哲学理念。这种美学概念对音乐和摄影的审美产生动力。

南极的景致带来了肖邦音乐般的梦幻。

不同的色彩和不同的音乐相联系为"联觉"或"色彩听觉"。就像摄影离不开颜色一样，音乐也离不开音色，而音色与颜色之间存在着自然的联系，把南极之旅用色彩和音乐相关联的方式来表达。你可以看到这些照片想尽量把音乐的元素表现出来。拍摄过程中，我脑海里挥之不去的是肖邦的音乐，即肖邦第二钢琴协奏曲第二乐章。这个乐章颗粒般的音符如"大珠小珠落玉盘"，旋律渗透了神奇的宁静，引入梦幻、沉思和深情。

我把去年和今年拍的一组南极的片子给大家看看。这些片子用不同色彩表达了我对南极的感知。在南极大陆巡游仿佛进入天堂一般，在不同的时间和地点呈现出五彩缤纷的不同层次，这种境界让你流连忘返。另外，幸运之神撕开了阴云的帷幕，给了我们4天明媚的阳光。

我把南极的色域分成三种——灰色、蓝色和玫瑰色，最后还

夜晚灰色的南极

天亮时的南极

有黑白色调的回归。

《夜晚灰色的南极》：灰色层次丰富具有理性，南极的阴天或者夜晚就是这个颜色。

天亮时，蓝色就出来了，晶莹剔透，像宝石一般。阳光下的南极是蓝色的，蓝色的海洋、蓝色的冰川。

夜晚的阳光在地平线上徘徊，点点玫瑰色打在远处云端。玫瑰色象征着一种爱，一种温情。

最后把所有颜色都去掉，灰的、蓝的、玫瑰色都不要了，只剩下黑白色调。

最终，我把灰、蓝、玫瑰和黑白编制为四个乐章的交响音画。

摄影的最高境界就是交响乐境界，人们常把交响乐比喻为

夜晚的阳光

黑白冰山

"音乐王国的神圣殿堂"。

这里播放了一个日出场景。日出一段的配乐非常精彩,请大家欣赏。

音乐来自周国平曾经翻译的尼采哲学著作《查拉图斯特拉如是说》。德国著名作曲家理查·施特劳斯将此书的意境谱成交响诗,极为精彩。这里是交响诗第一段序曲《日出》。

我们仿佛在音乐中听到了地球脉搏的跳动,图中的天空呈现玫瑰色,预示新的一天即将到来。

在《港珠澳大桥的清晨》中,明媚的阳光普照大地!

犹如仙境的音乐和摄影之间似乎有一种运动规律的链条将视觉与听觉联系起来。"话语停止的地方,就是音乐的开始。"

日出黄山

港珠澳大桥的清晨

中国当代艺术的现状与问题

——以《中国当代艺术年鉴》为例

朱青生[*]

我今天讲的是一个很专业的题目：中国当代艺术的现状与问题——以《中国当代艺术年鉴》为例。

《中国当代艺术年鉴》是在北京大学编辑的，但是每年都会根据这个年鉴举办一个展览，就是年鉴展。年鉴展是把全中国正在进行的当代艺术活动合起来展示给大家看看，所以大家通过这个展览就可以了解一年的情况。了解一年的什么情况？当代艺术的情况。

---

* 北京大学教授、国际艺术史学会主席、坪山图书馆"大家书房"入驻名家。1985 年起任教中央美院，1987 年至今任教北京大学。主要研究领域为艺术史。主编《中国当代艺术年鉴》(广西师范大学出版社，2006 年起每年一卷)、《汉画总录》(广西师范大学出版社，2010 年起已出版 43 卷)，著《没有人是艺术家也没有人不是艺术家》(商务印书馆，2000 年)，译《詹森艺术史》(世界文化出版社，2014 年)等。

今天我要讲的是当代艺术，它和一般概念的美术不太一样。中国实际上有三个艺术界，一个是传统书画界，这是从中国古代来的。说起这个书画界的大家来我们都如数家珍，如王羲之、作《富春山居图》的黄公望、八大山人、齐白石等。这些人构成了中国艺术的一条传统。但是中国在 100 年前发生了五四运动，更早还有新文化运动。新文化运动有一个口号，就是要对中国传统进行批判，当时叫作"打倒孔家店"，说中国的艺术是有问题的，所以要对它进行革命。新文化运动引进了西方的艺术传统，就是美术学院的艺术。我们今天的中央美术学院及各个美术学院都是按照西方学院艺术传统建立起来的，所以现在我们的学生想考美术学院就要考素描和色彩，而素描八大山人不画，色彩王羲之也不用，他们写字都是用黑颜色。这些都是欧洲美术学院考试的方法，我们中国现在一直在用。这就是中国的第二个艺术界——学院经典写实艺术。

第三个艺术界是当代艺术界，也就是我今天要讲的主题。

学院经典写实艺术是西方的传统艺术。进入现代化进程之后，艺术作为最为敏感活跃的精神领域之一，率先表现出激烈而突进的变化，一方面反映现代化的产业、经济、社会和思想的成果，一方面促进、反思、批判现代化的弊端和困境。西方的艺术通过四步革命，从学院艺术的传统发展到了当代艺术。

西方的美术学院并不是始于巴黎高等美术学院，而是 1562 年在意大利佛罗伦萨出现的世界上第一个美术学院。他们认为艺术是体现人对世界的再度解释和再现。但是发展到 19 世纪，事情发生了变化：1839 年摄影诞生，1895 年电影诞生。过去记录世界、讲述故事、制造审美、诉诸传播的这些美术的重要功能，

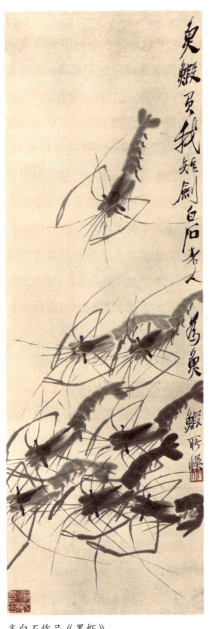

齐白石作品《墨虾》

都随着新技术的出现而变成了一个没有什么用的东西。比如，今天我们要办身份证才能坐火车去北京，于是你说我在家画一个身份证吧，结果到火车站就被拦住了。你说我学的是达·芬奇画《蒙娜丽莎》的画法，达·芬奇可以画，现在我为什么不可以画？到了19世纪，西方有一些艺术家开始想，我怎么能够把艺术这个东西不借助写实来向前推进。故事就从这里开始了。他们想方设法要突破，要革命，要为世界提供一个新的可能性，而这个时候的世界正好是科学和技术开始进入现代化的阶段，科技的发展促进了物质和生存条件的逐步发达，但另一方面因精神失落而失去的部分需要补充，艺术就从这个方向开始往外突，要在现代法律、现代管理制度和现代科技使人变得越来越被规范之外给人以更大的自由和独立性。艺术具有人的完善性的价值，不只是解决我自己的行业问题，而是为人类整体去寻找归附为完整的人的一条道路。人在寻找自我解放的道路上要靠一个东西来做，因为没有别的行当适合做这个，所以只有艺术，或者说当代艺术来做这件事。

第一步革命是以塞尚及其同时期的凡·高为代表发起的对西方传统的革命。西方的传统美术经文艺复兴、巴洛克、洛可可和新古典运动等，在19世纪法国油画中发展到极致，显现为西方艺术的集大成者。在这种艺术中，所有的对象是真实的，所用的技巧是写实的，所做的构图是经典的，所营造的诗意氛围是我们可以用直觉触及的。西方的传统美术感动了徐悲鸿等早期留学西方并将美术学院系统引进中国的人，也依旧感染着如今一代代中国观众。但塞尚和凡·高发起的对西方传统的革命，正是从这个西方艺术的"完美"之处切入，其突破是在西方文明的不可怀疑处加入了怀疑。在他们之前，西方古典绘画就是要创造幻觉，努力模仿一个外在的对象——要逼近自然，和真实竞赛。而他们改变了艺术家作为一个人在自然面前的权利，注重人的感觉、理解和自由意志在创作中的表达，甚至为了突破自我绘画传统的成规局限，反求于非洲、太平洋原始艺术和古老的东亚艺术。

艺术的第二次重大革命是毕加索引发的。毕加索最重要的作品是在1910年前后完成的，他对于人类的最大贡献，就是把描绘的对象拆开，按照画面的需要抽象成一个完全由他自己创造和构成的作品，史称"立体派"。毕加索的革命和颠覆是对凡·高成就

凡·高作品《奥维尔的教堂》

的进一步突破。凡·高无论承接东方还是西方，画上的人物风景皆在，只是在如何描绘时加入了自我的感情、理解而已，正所谓"中得心源"。而毕加索则反其道而行之，将构成世界上所有形体的元素拆成一堆散片，拿来作为自己的"建筑"材料。这些材料在他手里被自由地用于创造世间所不存在的东西，正是"那个东西"让世界多出一个崭新的事物。艺术发展到毕加索这里，变得与从前很不一样，他的画本身就是一样"东西"，而不再是对外在世界的追随和模仿，他的每一件作品都给世界提供了一种新的可能。因此我们说"毕加索画的不是东西，而他画的画本身是个东西"！

毕加索的作品之所以好，不在于细节如何做或者做得好坏精粗，而在于他创造出一种重新看待这个世界的方法。他不是按照古希腊的方式，也不是按照文艺复兴的方式，更不是按照他的祖国西班牙的方式，又不是按照非洲的、伊斯兰世界的或者中国的方式，他是按照一种前所未有的新方法带着人们往前走，从此开创出抽象艺术的一个方向，对后世无数艺术家面对世界和现实如何自由地构图和组合创作产生了巨大影响。这种原发的创造力令人敬仰，令人惊叹。

第三次艺术革命的代表人物是杜尚，他是达达派的精神代表。什么叫"达达"？就是"什么都不是"的东西，"不是东西"的东西。那么达达要干吗呢？达达就是要反艺术，反对的是"艺术品为什么要成为一件艺术品"这件事。

弗朗西斯一世的盐罐是一个很小的东西。这个盐罐的盖子有什么特点呢？

• 它是金子和宝石制成的，是贵重材料的组合；

- 它的盖子的雕塑，是由奥地利皇宫请当时欧洲最好的雕塑家贝纽维多·切利尼完成的；

- 它耗时近一年完工，做工讲究，连人物腿部膝关节的结构都做得十分讲究；

- 这个作品太好看了，可以放在桌子上供人欣赏。

切利尼作品《弗朗西斯一世的盐罐》

我们再来看马塞尔·杜尚的作品《泉》有什么特点。

第一，材料便宜。

这个东西本身是一个废物。杜尚在1921年做了这件作品，做完后家里没地方放，谁都不要，就扔掉了。到了20世纪60年代，大家突然想起这个好作品，要收藏，问杜尚要。杜尚说，扔掉了。怎么办？于是杜尚重新买了六个，签上名，分到世界六大博物馆去收藏。所以现在大家看到的这个作品，底下都有

"1921 —— 1961"或者"1921 —— 1962"这样的牌子，就表示是他后来复制的。大家可以想想，这件东西连杜尚自己都不要了，就说明它实在太便宜了。

第二，没有做工。其实就是根本没有做，这个小便器是从垃圾堆里搬来的：一点都不需要艺术家的才能，一点都不好看。

第三，不需要一个艺术家。

第四，没有欣赏的功能。

我们曾经说艺术有四样标准：

- 材料贵重。但是这个东西的材料很便宜。

- 做工讲究。这一件却毫无做工。

- 要能突出艺术家的才能及珍稀性。但这个东西的完成不需

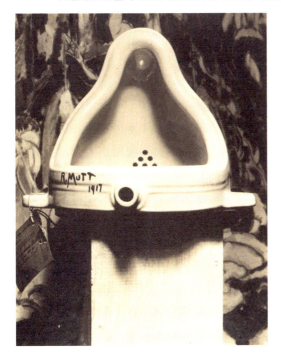

杜尚作品《泉》

要才能，人人会做。

- 赏心悦目。但是这个东西很难看。后来有人说在这个作品里看到了美感。杜尚却说，我自己怎么没看出来。

这就是我们所说的艺术的反叛。这件作品就是要告诉我们：艺术就是反艺术。禅宗也是这个意思。无论是"棒"还是"喝"——是用棍子打你还是大吼一声突然吓你，其关键都是要让你在禅机间觉悟。说的就是截断思想的惯性，摆脱意识形态对人的控制，回到自性。你其实在平时根本就没有自己，只不过是顺着外界规定的路走，创造也是如此。你们想想，人为什么要创造？如果让每个人去创造，这本身就是对人的压迫和规范。这与过去人们认定艺术品一定要美丽的道理是一样的。

这就是达达艺术对我们的启示：每个人都能回到他自己。在达达艺术完成以后，艺术就发生了变化。

20世纪20年代的时候，有人问杜尚有多少人能读懂他的作品。当时杜尚回答："大概有10个。"杜尚的意思是，大家看不懂。但是看不懂没有关系。今天所有的艺术家都知道，没有杜尚的这次革命，我们每个人做的艺术都不过是根据别人做过的艺术及统治者规定的传达方式去做的。

杜尚之后的下一次艺术革命，是以德国艺术家约瑟夫·博伊斯为代表。他的代表作是20世纪60年代带着学生扫地的场景，是一种行为艺术。在那个年代，他提出要保护环境，是一件多么新鲜的事情。

作为一个纳粹飞行员，博伊斯却意识到：冷战其实是人类靠自己的信仰思想去选择排斥和针对其他人。人类的思想本来是自由的，每个人都不相同。然而人类把这种不同变成了争斗，最后变成了攻击和毁灭。靠什么维系人与人之间的关系？对个人权利及对他人的尊重，哪怕人与人之间有所差异都不要彼此为敌。因此，博伊斯提出：我们与其斗争，不如去构建保护环境的意识。当有一天地球毁灭，我们终必相聚于同一艘飞船，走向宇宙寻找新的家园。我们要互相保护，哪怕我们每个人是如此卑微。博伊斯在森林里用扫帚把落叶扫回森林的这个行动，就是想表达这个意思。这个行动也宣示着绿党的诞生。

艺术家应该干什么？应该雕塑社会。这就是博伊斯提出的理念。也是自此以后，所有艺术的政治针对性和社会批判性，体现为艺术家对社会的行为和作为，而不是观察和反映。

我们现在讲的当代艺术，是指人类的艺术是如何通过人的创造把人的文明向前推进的过程。每个做当代艺术的艺术家，其每一件作品都要对我们生存的状态提出他应有的质疑和做出他应有的贡献。当代艺术不仅要有思想的当代性，还要有艺术的当代性。艺术的当代性就是作品出来以后使我们对过去所有问题的理解都开始有一点击破，让我们的想法到达一个新的可能性，展开一种新的机会，这才是艺术要做的事情，所以艺术是 avant-garde，是一种先锋。这种先锋并不是为了艺术而先锋，而是为了人的发展而先锋，正是有了这种不断的进取和革命，人才会变为更有思想、更独立、更自由的个体，世界就是这样发展的。当代艺术在改革开放启动以后开始进入中国，在中国展开了自己的历程。改革开放以后百废待兴，我们打开了国门，就是要看看西方怎么样。20 世纪 30 年代前后，中国与西方的交往较为频繁，那时大家已经能看到凡·高和塞尚，也能看到毕加索。我一直在调查中国有没有参与达达艺术运动，后来发现没有中国人参加，中国人最多参与了抽象表现主义。等到我们改革开放再一看，西方自己变了，不仅有凡·高、毕加索，还有杜尚、博伊斯，甚至20世纪60年代还有波普艺术。

改革开放刚一开始，有人学毕加索，也有人学凡·高、马蒂斯、表现派，等等，这个时候中国的当代艺术是在做全面的引进。

比较弗洛伊德和刘晓东的作品，你们会发现其方法和技术是从西方引进过来的。

比较德国20世纪20年代物质主义的作品和中国最受欢迎的四个艺术家之一方力钧的作品，我们可以看出这里有一种风格的引进。

我们将美国抽象主义的艺术家与中国的抽象派艺术家作比，可以发现后者有对前者形式上的引进。

比较博伊斯的作品和代表中国参加1989年"大地魔术师"展览的顾德新的作品，可以看到用苹果做出来的物质腐烂所带来的生命反省，这是观念上的引进。

还有一种是态度的引进，如一些中国当代艺术家对"达达主义"的仿效和追随。

博伊斯的重要作品是在一个展览上跟人谈话，在那里的100天中，每天有人跟他谈话，他就在黑板上写，他的作品就是记录这个过程。这叫作"行为艺术"。何云昌的一个作品，是把阴沟的泥倒在身上，然后用电话跟各个民工打电话。他是一个关心贫苦的人，关心社会问题的艺术家，但是他的方法，一看就是以博伊斯做榜样。这是对用艺术关切社会这种思想的引进。

我们在 1978 年改革开放以后进入了当代艺术时期，但是进入当代艺术时期以后，我们会发现自己能做的事情前面几乎都有人做过，我们动辄得咎，这就是为什么会出现叶永青。叶永青是一个在 20 世纪 80 年代成长起来的人。你做观念、行为、社会批判、装置，前面都有人做过，而且做得早、做得深，等于你做了以后，充其量是中国人也会做了。艺术家其实最不能忍的就是被指抄袭。于是艺术界（我也是其中的一员）实际上从 1986 年起就把怎么创造原创性的艺术当成我们的工作目标，因为我们既要用当代艺术为社会服务，也要为当代艺术开拓一条道路，只有做出原创性，中国才可能在世界上有作用。中国想在科技上有作为，于是大疆无人机比谁都做得好。但是中国想整体都做得好比较难，现在虽然尽力在做，也比较难，因为有些事情要有一个过程。艺术标志着人的素质和气质，艺术水准不高，其他做得再好也是局部突破，并不关涉整个国民的素质基础和精神基础。

所以，当代艺术界最想往前突破，但怎么突破？先要回到人的本质，即我们为什么需要艺术。我们就要再从我们的艺术开始看。我们从"文化大革命"看到的艺术就是程式化的、没有体现个性的艺术，那么针对这样的情况，艺术率先突破，首先就要问：人是什么？

有一个艺术家叫罗中立，他以一个老农为创作对象画了一幅名为《父亲》的油画，而且画的幅面十分大。他所说的父亲就是指我们赖以生存的父母。中国经过多年建设以后，为何农民的生活境况还如此艰难？这幅作品 1980 年出来的时候，就成为对我们社会的一个追问。要是没有这些作品，我们怎么可能改革开放？改革开放就是要人民先富起来。这样的人一辈子都是用一个粗碗在喝茶，双手刻满了沧桑。

李津的作品《自我》，画的是自己在吃喝玩乐，画中有一瓶小酒，一条小鱼，一个萝卜。他要问人的本质是什么。有很多说得道貌岸然的东西，其实说到底就是日求三餐，夜求一寝（就是睡觉），就是这样根本性的存在。李津通过对自我的调侃揭示了人的真实，开始对感性进行归复。

中国的国画界和油画界都有许多美人图，不少还是裸体，大家看了以后觉得挺好看，实际上他们画的是比较美丽的对象，相当于古代的仕女图，现在画成青春靓丽的样子，这是传统的方法。但是有个艺术家叫马六明，是一个男身，他的作品是让人感受到一个身着女装的女人会引起怎样的反应和情欲。他的展览是让人把他的衣服撕开，任何人可以触碰他的身体，这个过程就把这种感性的复杂性和心态揭示出来了。他的作品用的是不同的方法。传统的方式就是弄一个样子出来，当代艺术是把感性的事情变成一个问题。你以为他是一个女的，一打开才发现是个男的，你就会一惊，你再碰他的时候心里会产生什么感性？感性到底对我们有什么样的误导？

琴嘎的作品雕塑的是艾滋病病人在临死之前的那种悲惨状态，让人们看到生命的可贵，以及生命在败落时的恶心情景。就像罗丹说的，当看到衰老你才知道人生是多么悲惨。虽然也是感性，但不是一味地优美和欣赏。这是对感性向另外一个方向的开拓。

还有装饰的归复。与一般的服装设计不同，黄岩的作品把装饰的山水图画画在脸上，让你感觉到一种荒诞，感觉到真实社会中用很多所谓的文化所掩盖的无耻和平淡。虽然都是装饰，但是当代艺术和传统艺术的做法是不一样的。

还有亲情的归复。这段时间大多数传统艺术的做法会从各个层次表现亲情的温暖和美好，但是当代艺术不满足于此。张晓刚的作品把大家庭画成了基因的传承。父母总是要求自己的小孩要按照他们的想法去学习。看起来这是一个和谐的家庭，其实他们之间没有根本的改变，还是一代一代的复制，人们在一种规定的规制中丧失了社会的活力和真正人的自我成长。张晓刚的作品实际上具有一种很强的批判性。

黄永砅的一件作品是把一本《中国绘画史》和《西方现代文化史》放在洗衣机里搅了两分钟。这个想法表面上看起来是近乎胡闹，而实际上他是把中国对西方的恐惧和追随的习惯，一次性送到了端头，所以它有极强的经验和批判的性质。

我以这些艺术作品为例无非是想告诉大家，中国的当代艺术是传统艺术之外的另一条道路，它在走跟深圳一样的道路，只不过深圳是一个经济的特区，而中国当代艺术是一个精神的特区，推动着中国各种各样问题的解决和从未涉足领域的探索和创造。你们看了以后会觉得，除了经济和技术的发展，中国还有一些非常重要的活动，就是当代艺术。它在这40年中筚路蓝缕，一步一步走过来了。中国要想在世界上有所作为，其实有两条道路，一条是跟中国自己的传统相结合。中国要想发展，仅仅跟自己的传统相结合好吗？是好，但是不彻底，因为这把自己箍住了。我们今天是一个发展中大国，大国就是不要只陷在自己的传统里面。中国是人类文明和历史文化的一部分，有很多的历史现在都没有后人，比如古埃及没有后人，那里的当地居民与古老的埃及并没有文化上的承继关系。所以，我们应该继承全人类的文化，来发展我们的可能性，更何况我们要发展和创造的东西是人类未来所需要的东西，而不只是中国可以在世界上获得一点点地位的那些东西。那是过去的事情，那是我们救亡图存阶段的事情。如果美国人局限于美洲印第安的文化，你认为美国还会是一个强大的国家吗？所以我们要把艺术这件事情看成是人类的实验，虽然要跟中国传统相结合，因为这是我们的任务，但是千万不要把这个阶段性的任务当成我们唯一的和主导性的任务。我们做当代艺术，真正要做的是另一条道路，就是要向前突破。怎么突破？我们要把西方的艺术作为突破的可能，把西方的学院派也作为我们突破的开始。我们在1986年就开始呼吁一定要走全新的道路，要比博伊斯往前走一步。刚刚我跟大家分享了西方现代艺术革命的四步，现在应该再往前走。前面还没有人，就由我们来走出第五步，要往前走。

下面我讲讲"中国当代艺术年鉴展2018"的一些作品。

艺术家胡尹萍的作品中，你们看到的是一个胖子穿了一件衣服，这是她的自拍。她其实跟在座很多女孩一样，原本是一个非常苗条的姑娘。她在网上看到一个很普通的女工天天吃"垃圾食品"，每天工作十几个小时，结果变得很胖。由于那个女工长得跟自己有点像，于是她也每天吃垃圾食品，让自己增重了16千克，变成那个女工的样子，最后按那个女工的衣服样式做了一件衣服穿上拍了这张照片。结果，警察要求她换身份证。所以她是反过来的，我们大家都要减肥、化妆，而她作为一个艺术家，为了能够和底层人民有感觉和遭遇上的体验，就把自己变成了一个底层女工的样子来看待"我是谁"的问题。她的这件作品确实让人很感动，而我曾经把她的作品在印度的艺术史研讨会议上做过讲述。印度有很多批判力很强的艺术学者，特别是很多女性学者都深受感动。

隋建国的一件作品是把自己的控制力消除掉，把眼睛蒙起来瞎捏捏，用拳头打出来的。朱小地展览了一件作品。他原来是北京设计院院长，后来决定当艺术家，不当院长了。他在年鉴展的作品，是用很多线建造的一个结构，让光透过来。线是一根根钢丝，拉好以后就不停地抖，一抖闪闪烁烁的，就把中国所说的水墨光影的感觉带到一个很特别的状态。这两件作品，一件是把自己的意志消除到无有，一件是用自己的意志，通过建筑的方法把它设计得精致。这样就把当代艺术往前推出去了。

蔡国强的作品以爆炸为创作手法。该作品是为他 100 岁的奶奶而作。作品就是用烟火炸出了一条天梯，一直延伸到天上，像烟火一样，一直伸到天上去。他奶奶看到他的作品一个多月后就满足过世了。这是蔡国强最受关注的作品。我们今天把古代对天穹的干预转化为人间的奇迹，转化为今天的一种对于不可解释的方式的呈现。

中国现在最活跃的事情之一是我们有了新媒体，有了新媒体以后方法就变了。

还有些作品也值得一提。如现在的有些艺术家会在飞机上用失重的状态探究人跟地球的关系。未来的世界，是一个人天合一的世界。

今天中国第一次有机会在一些技术上走到了世界的最前沿，我们就有责任在艺术上往前推进一步，也许我们就能创造。在创造的过程中，我们在创造当代艺术的第五步，就是要在艺术的形态上往前再推进。推进的是什么？就是我们在做艺术的时候，不是要看艺术家帮我们做什么，而是要把艺术家和普通观众的平等放到人类平等的最新地步。我们不要博伊斯，不要那些用他们的意见、思想来引导我们的人，而是要在艺术中通过对一件艺术品产生的自我解释，特别是通过新技术、新媒体使我们参与的时候，在艺术中出现人与人在自觉性上的新的平等机会。如果这一点我们能做到，中国的当代艺术可以说就走在了世界的最前沿。

移民与城市品性

葛剑雄*

　　我今天讲的题目是"移民与城市品性"，当然主要是讲它的文化特点。刚才主持人已经做了个现场测试，所以我想不用我再多做解释。从你们大家举的手就可以看出来深圳是一个很典型的移民城市。

　　移民的基本特点是什么？是否今天在坪山的外地人都能叫移民？像我这样的能不能当作移民？不是的，一般我们讲的移民是

---

* 复旦大学资深教授、中国历史地理研究所博士生导师、教育部社会科学委员会历史学部委员、坪山文化智库委员、坪山图书馆"大家书房"入驻名家。祖籍浙江绍兴，1945年出生于浙江湖州。曾任复旦大学中国历史地理研究所所长、历史地理研究中心主任，复旦大学图书馆馆长，上海市政府参事，第十二届全国政协委员会常务委员。1990年被国务院学位委员会、国家教委评为"做出突出贡献的中国博士学位获得者"。发表史学专著20余部、论文百余篇。作品获"纪念党的十一届三中全会理论研讨会"论文奖、"五个一工程入选作品奖"、"教育部人文社会科学优秀著作一等奖""首届郭沫若中国古代史学著作三等奖"等。

指定居或以定居为目的的外来者，不包括流动人口。二者有什么区别呢？外来定居或者以定居为目的的，他们对当地会有一种归属感。如果是临时来的人，比如有些挣了钱就跑路的企业家，则会对本地没有归属感，文化上都是如此，这点很重要。正因为这样，移民人口才是文化活跃的载体，因为他们在自觉或不自觉地传播文化。对于流动人口，他们到你这里来，如果不喜欢当地的饮食，听不懂当地的方言，或者不喜欢当地的时尚，那他们不理睬你就是了，我反正要走，或者我忍耐一下。但是你如果准备在此定居，要么你服从，要么你就得努力去改变它。这就有不同。不管怎么样，你如果是以定居或以定居为目的的，你就会自觉或不自觉地传播你的文化或者是接受当地的文化。

刚才讲到深圳，可能我到深圳的时候你们有些人还没出生。我是深圳刚刚开放的时候来的，那个时候到特区来是要另外办证件的，不是想进就能进来的，就跟出境差不多。我们在上海的公安局先办好到深圳的证件才能进来，后来稍微宽松了一点，但是一开始管得很紧的。当时我刚到深圳，有些情况比较出乎我意料，感觉并不好。那个时候大批人来深圳干活，快过年的时候大家都到邮局寄挂历，而且不排队，乱糟糟的。我们住的地方是内部招待所，跟内地没有什么两样，甚至服务态度比内地还恶劣。为什么？当时各地来了很多家属，没有办法给他们安排工作，就在内部搞个招待所，丝毫体现不出什么先进。为什么？当时到深圳来的很多人并不是要定居，他们没有定居的概念。那个时候中央规定各个省市都要来深圳建一幢楼或办一家企业，要派人过来。深圳当时大建设，来的很多是农民，他们也没有想我现在在深圳，未来会代表深圳。哪怕你今天刚来，但你如果是以定居为目的，你就能够真正与文化传播或者被接受产生联系。所以移民和非移民是有很大差别的。

移民怎么对传播文化起作用呢？第一是要看移民本身的素质和传播能力。一个本身文化素质高的人所起的作用可能要胜过其他很多没有文化素质的人。而且传播能力大的人，跟一个只会展示自身而不具备传播能力的人是不同的，这反映在群体上的作用就更大。比如我到黑龙江去，当地人告诉我历史上他们有两批中小学教师的素质最高。哪两批呢？一批是当年的右派。第二批是知青。因为好多知青都是从上海、北京等大城市去的，有的已在重点中学上到了高中。几年后，其中有一些人被挑选做中学、小学教师。他们本身能力很强，当时也没想到以后还要离开的，所以对当地已经有一种归属感。这批人数量并不太多，但是他们本身素质高、传播能力强，就会起到很大的作用。第二是要看移民所处的地位。如果某个地方的移民处在底层，受到本地压制，或者他们本身就没有正常地位的，那么他们可能不具备传播能力，起不到积极作用。如果移民处在主流，如历史上的一些行政官员，那么他们起的作用就会很大。第三是还要看移民定居的情况。有的定居过程很困难，比如早期华人在美国受到排华，很多工作他们不能做，很多机会他们没有。我们有些城市也非常排外，特别是对一些比较底层的移民，长期不能够让他们融入社会。在这种情况下，移民发挥的作用也是很有限的，甚至会产生逆反的心态，起到反作用。第四是还取决于当地人对移民的态度。深圳的情况跟早期上海差不多，本地有些地方根本什么也没有，就是海滩、荒地，本土无非就是宝安县城或坪山这一带。但是有些地方当地人很强大，移民只是少数。这种情况下当地人的态度就起决定作用。有些地方当地人虽然多，但是心态很开放，像深圳、上海等城市。到后来大家都是移民，所以当地人对移民的排外根本就不存在。而且移民本身又是多元的，无非是到来有先后。这种情况下当地人对移民的消极作用就会不存在，移民发挥作用就会比较大。第五是移民的数量。毕竟有些大众文化、社会风俗习惯还是与人数有关的，这就要看移民的数量和占的比例。我曾经比较过上海与其他一些移民城市。上海的移民比例是相当高的，深圳也有这个特点，实际上就是以移民为主，而这里移民的数量还应该包括移民的后裔。以前人们登记自己的籍贯，一般要用祖父的出生地。比如安徽来的人，他的下一代在以前还是登记为安徽人，现在更多的是讲出生地。实际上移民不仅是包括他们本身，还包括其后裔，因为后裔至少在家庭里，他们的父母或祖父一代传承下来的文化还包含从原籍带来的文化。所以不能够单从一个因素来看其作用，要把这些因素综合起来看移民对文化的影响。

根据移民的不同情况，移民城市会有不同的特点和类型。这些类型怎么来看呢？第一，要看移民在总人口中所占比例。这个很重要，因为一个城市的移民和他们的后代在总人口中占主要成分才可称为移民城市。第二，移民在城市中所处的地位。我前面讲到为什么历史上有些外来的地方官起的作用最大。尽管这些人不多，但他们有行政权力、经济实力、社会影响，所以历史上某些地方的发展，往往归结于一个或者一批既有高素质又拥有行政、经济、文化资源的人。这里有没有四川人？有没有成都人？以前有句话叫"文翁化蜀"。文翁是西汉派到蜀郡的太守，相当于今天的省长。他来自庐江即今天安徽合肥一带。这一带的文化当时比四川发达，文翁就把内地先进的文化传播过去。他特别重视教育，入蜀后开办了学校。现在四川的重点中学石室中学就得名于当年文翁办学的地方——石室。可学校办好了人家不来上学怎么办？这好办。他有行政权力，规定富人家的孩子送来念书将来可以当公务员，按现在的话讲就是引导的作用。蜀郡本身资源不足，当地文化程度低怎么办？他就派人到首都长安去留学。地方经费不够，他就让每年到首都长安去汇报工作、上报材料的官员（上计吏）带上一些本地的土特产工艺品到长安去卖掉，所得收入用来资助一些人去长安留学。尽管他是一个人，但他使蜀地的风气提升开化了，文化进步了，留下"文翁化蜀"的佳话。最后他自己也没有回老家，而是终老在成都。南方好多地方都有这样的故事，就是历史上某一个地方官或者某一个文化名人在这里起了很大的作用，有的自己就终老在这个地方。第三，移民的来源和构成。移民是从哪里来的？有些地方文化水平高，经济发达，或者有的地方资源比较多，从那里来的移民总体就符合这个要求。比如，江苏南部、浙江北部历来都是发达地区，商业发达，手工业发达，文化也发达，这些移民到上海后如鱼得水，很适应，所以来源很重要。

同一来源的移民也有不同的构成。有些地方的移民虽然来自发达地方，但有些人是来养老的，要指望他们起到多大作用也不大可能。比如说海南的移民中很多人是前些年从东北迁来的，一些是国有企业下岗人员。他们发现海南岛气候好，冬天连取暖费都省了，而且当时房价也很便宜，所以他们来就是解决生计的。这个年龄层次的移民，跟当时十万人才下海南或一万博士到海南的情况当然不相同，因为他们是准备来海南大发展的人。第四，移民定居和融合的过程。移民城市的特点实际上由多方因素构成，不是简单一个因素。如果在这些方面都能够发挥优势，那这个移民城市的整体文化素质就会高，而且它就会多样化，结构也会比较合理。

我们如何来看移民城市的文化特点？我们应该明白，不同地域来源的移民承载的是不同的文化。中国有句古话"一方水土养一方人"。今天我们用马克思主义的唯物史观来看，正如恩格斯在马克思去世后在他墓前的演说中说的，他把马克思提出的历史唯物观念总结成非常简单的话，那就是马克思发现了人首先要吃喝住穿，然后才能从事政治、科学、艺术、宗教等。由于这些移民不同的来源，他们长期形成的文化肯定是不同的。从城市本身的角度来讲，如果移民是很单一的，他们带来的肯定就是比较单一的文化。移民来源要是很广，文化的来源才可能是多元的。另一方面，我们看到不同类型的移民也承载着不同的文化。同样是来自一个地区的，因为移民类型不同，也可能代表着不同文化。比如来自这个地方的知识分子、普通休力劳动者和管理人员承载的文化是不同的。

什么样情况下可以形成新的移民文化呢？如果只是一批来自同一个地方或同一个城市的移民，那么他们的作用最多是复制，而且复制都不一定。为什么？因为复制的条件不同，所以怎么可能形成新的移民文化呢？即使有，如果与原来的不同，也只是一种倒退、下降。要形成新的移民文化，条件至少是多元的。多元性才可能形成既不同于这批人又不同于那批人的文化。所以从这个角度讲，移民一定要多元。移民如果没有多元性，即使都是一批精英，当地的文化主体也很难改变。引进了诺贝尔奖得主，或者某方面的一流专家，难道就能改变当地的基本文化吗？不可能的。另一方面，如果引进来的都是层次比较低的移民，他们也不可能使当地的文化艺术得到提高或产生新的文化。

我们今天讲要形成新的城市文化，比如说深圳城市文化，显然既需要移民本身是多元的，也需要移民层次是多元的。同时在这个过程中，政府与主流文化应怎样自觉地去做工作，有意地引领、培植，对一些文化上的糟粕也要大胆地排除，甚至要禁止。我刚才讲的深圳初期出现的这些现象，现在怎么看不到了呢？如果当初根本没有现代意识，还是把原来的习惯，甚至容许不守纪律的、不讲公德的行为长期存在，怎么可能有所改变呢？所以在这个过程中，政府或主流文化在城市中起很大的作用。如果政府不注意发挥精英的作用，发挥文化中的积极因素，一味任其自然，那就起不到作用。为什么近代中国的上海形成了比较明显的移民文化？我们现在讲的移民文化主要是在当时上海的租界。租界有两重性，一方面当然肯定是帝国主义侵略中国的产物，中国是被迫开放的，而且一部分主权是丧失的，但另一方面也得承认它是用一种新的理念来管理的，是讲究法治的，而且一些西方的、外界的新文化与新理念进来了，实际上起到引领、管理的作用。在这种情况下，移民在上海一方面可以控制在理性范围内进行自由竞争，另一方面这些竞争都是有法可依、有章可循，同时一些不符合它的价值观念的东西还被禁止。这样最后形成的新文化才比较符合时代的潮流，起的影响才比较大。移民城市不是要任其自由发展，政府或者主流完全不加以干预。今天，深圳也好，上海也好，其他地方也罢，我们当然要用社会主义核心价值观来引领，要根据宪法、法律进行治理。比如移民中的邪教、恶俗、有害社会公德的或消极的东西，该取缔的取缔，该限制的限制，不容许它们自由地传播。另一些我们要大力地扶持，包括通过公共文化设施、不同场所、政府资助、社会公共活动来加以支持。所以政府和主流文化的作用是非常重要的。

大家可以看看这里几个关于上海移民方面的数据。先看公共租界。上海以前有两个租界，一个是法租界，一个是英美租界，后者占主要地位，后来英美租界合并成为公共租界，所以公共租界的居民占了人口的主体。从这些人口数据看，本地的户籍人数与外来人口相比，外来人口占主体地位，这几个年份都是这样的。可以看出上海在历史上始终是以移民为主的。这种情况在中国历史上也有，比如秦朝的首都咸阳。秦始皇把全国各地他认为需要控制的人口都迁到咸阳，统计下来有十几万户，所以我们可以判断咸阳这座城市到秦朝后期已经形成一座移民城市。但是这些移民中，很多都是被监控的对象，比如那些富人，还有六国旧贵族后裔。让他们迁入咸阳是为了控制他们，是强制的。尽管移民人数占本地人口的多数，但是他们存在时间很短，所以我们看不到、找不到这些移民对咸阳这个城市有什么影响。

第二个是西汉的新丰。新丰是又一个很奇特的现象。怎么会有个新丰呢？原来刘邦的父亲是住在丰县的，刘邦做了皇帝以后，把父亲接到首都，还尊他为太上皇，地位很高。但他发现老人家经常闷闷不乐，问他为什么。他父亲就跟他讲，你让我住在这里，听不到乡音，吃不到家乡的小吃，我在丰县日子过得多好，外面遛遛玩玩，看斗鸡遛狗，小饼买来吃吃，周围都是乡音，一到这里来我就不愉快。刘邦为了讨好他老人家，就下令将丰县整体搬迁到关中，叫设计师把图纸都画下来，不仅房子要按原样造，连每家的鸡窝狗窝都要照原来的。据说那些人到了新丰——新的丰县所以叫新丰——到了后把鸡狗放到路上，结果它们都找到自己的窝了。这是历史上百分之百迁移的一个实例。老人家够满意的，因为邻居和小时候的玩伴都在。最后太上皇死了就葬在新丰。但这不是移民城市，而是整体的复制。以后呢？西汉历史上已经找不到新丰有什么特色了。为什么？人的居住环境整体变了，原来的文化还能够长期保存吗？他们养的鸡狗真的都能够适应关中的气候等各方面条件吗？他们原来的生活方式在那里能够长期维持下去吗？尽管一开始给了他们补贴，减免他们的赋税，但他们以后也要生存的，也要与外界发生关系的。所以我相信不久以后，这样的城市就维持不下去了。果然，到了西汉后期，新丰跟周围的县已经没什么区别了。

西汉的长安呢？西汉的长安差不多建都 200 年，长安发展的过程也伴随着大规模移民。但是长安城本身安置不了这么多移民，主要是宫殿、衙门，所以西汉就出现了一类很奇特的城市——陵县。什么叫陵县呢？就是在皇帝的陵墓附近建成的新县城。当时的概念是"视死如生"，皇帝死了也要像他生活在另一个世界一样，所以大家就能理解为什么秦始皇陵或汉武帝墓要造那么大，里面要放那么多东西了。因为当时的概念是人不是死了，而是在那里继续生活，而且时间比在世的时间还长，所以恨不得把什么都放进陵墓去。陵墓周围没有人怎么行？君主死后还要生活在人们中间。所以每造一座陵墓，就要依托陵墓建一个县城。县城里本来没有人，需要从各地迁过去，甚至还要求皇帝的大臣跟着他的陵墓迁移。比如皇帝的某位大臣先迁到了他的陵墓旁建成的陵县，以后当了下一任皇帝的大臣，这位皇帝的陵县建成后，他又得迁到这座新建的陵县。陵县里全是外来人，全是移民，但没有身份是迁不进去的，而是规定符合一定级别的官员才能住在陵县，富人的资产也要达到一定标准才能迁进去，因为陵县享受很多特权。这样长安与周围的陵县形成了一个城市群，而这个城市群是很典型的移民城市。《汉书·地理志》讲到汉朝兴起后在长安建都，把齐国各个姓田的家族，楚国的昭、屈、景三个大姓，以及一些功臣的家族通通迁到了汉高祖陵墓所在的长陵县。以后世世代代把俸禄二千石级别的高官、资产达到高标准的富人，以及地方的豪强、土豪都迁到陵县，形成"五方杂厝，风俗不纯"的环境。不纯就是多元了，不是一个地方移过去的。"五方杂厝"中的五方不是仅仅指五个方面，而是多方面的混杂。这样一来就"风俗不纯"了，纯的没有，不纯的什么都有。"其世家则好礼文"，其中一些官宦世家喜欢讲礼仪、崇尚文化；"富人商贾为利"，富人迁到那里则继续做生意，追逐钱财；"豪桀则游侠通奸"，地方豪强到了那里就相互串联干坏事，或是挑衅官府；"郡国辐凑，浮食多，民去本就末"，这造成城里地方狭窄，人口密度大，吃闲饭的人多，所以老百姓弃本就末，不好好种田了，都去行商；"列侯贵人车服僭上"，那些有地位的贵族往往超标准地享受；"僭上"，有的甚至妄自尊大，擅自享用比自己级别高的服饰和车马，追求奢靡时尚；"众庶放效"，老百姓就仿效他们；"羞不相及"，以跟不上时尚为可耻；"嫁娶尤崇侈靡，送死过度"，婚丧喜事都超标准，非常奢靡，特别是"送死过度"，厚葬成风。这就是当时一个很典型的移民城市。这些风俗不是原来就存在的，而是多种移民聚集后相互影响的产物。长安是首都，而且周围有一连串城市，因此影响更大。这跟上面讲的新丰和咸阳不同，新丰是一个地方的完全复制，咸阳是靠政治力量强制移民。陵县一方面建设时间长，一方面移民来源广，而且长期不断、一代一代地迁，一直到汉元帝的时候，长安周围已经容不下新的陵县，迁陵县的移民才停止。在100多年里，移民不断地迁来，而且大多数不是富人就是高官，或者是社会影响大的人，这些人聚居后的作用和影响就特别大了。从历史上看，西汉的长安和陵县才称得上典型的移民城市。

　　刚才讲到上海租界，而租界以外的"华界"也是移民城市。"华界"的外来移民数量也大大超过本地人，原因是"华界"的地价、房价和生活费一般比租界便宜，一部分在租界工作的人就住在"华界"。当时不少知识青年、作家、职员、小商人往往住在租界附近的"华界"，或是"越界筑路"地区。这样他们既可以利用租界的机会和资源，又可以较低的开支维持较高的生活水平。靠近租界的"华界"，有点像今天某些城乡接合部。我不知道深圳的情况怎么样，有些上海的新移民实际住在江苏、浙江靠近上海的地方，而这些地方也以此吸引外来移民。

有一点我们要注意，即移民的来源很重要。上海租界的主要移民是从哪里来的？第一是浙江，第二是江苏，第三不是邻近的安徽，而是广东。为什么说这些移民素质相对高呢？仔细分析可知，浙江的移民主要是来自浙江北部，江苏移民主要来自江苏南部。这些地方是中国近千年来经济、文化最发达的地区，所以这些移民不仅整体素质相对比较高，而且他们适应商品经济，适应服务行业，适应人才竞争。为什么广东离上海那么远反而移民人数仅次于上海附近的江苏、浙江？因为上海刚刚开埠，会跟外国人打交道的人很少，很多新兴产业上海本地人或者附近的宁波人、苏州人也不懂。比如，跟外国人打交道要做买办（Comprador）。上海人刚开始都不会，而广东人已经会了。因为早在乾隆年间，广州就是唯一指定的对外开放口岸。尽管清朝设置了种种限制，如中国人不能跟洋人打交道，不能做翻译，但实际上还是有一部分人在与外国商人打交道。鸦片战争以后，香港被英国殖民统治，所以很多广东人从香港学到了外国的语言，也具备了跟外国人打交道等能力。澳门在明朝时被葡萄牙所占，以后成为广东跟外界联系的重要地方。上海需要的涉外人才，只能从广东引进。同时，广东人已兴办很多新的产业，如新式百货店、照相馆、西药店、仪器店。广东人就把这些带到上海，所以上海有很多广东移民，而且这些移民往往能够很快进入中上层。例如，上海南京路上最有名的四大百货店——永安公司、先施公司、新新公司、大新公司一直延续到现在。永安公司还是百货公司，先施公司改成了上海服装总店，新新公司变成了第一食品商店，大新公司则变成了上海的市百一店。这四家公司统统是广东人，确切地说是中山人开的。江浙移民加上广东移民占了上海的主流地位。上海的移民也是多元的，包括山东人、湖北人、安徽人等。除了这些以外，南北方几乎各个省的人都有。山东人虽然数量较少，但也有特色，上海那个时候的警察几乎都是山东人。那些山东人有自己的优势，他们人高马大，文化程度虽然不高，但是给人的感觉是忠厚老实，当警察最合适。湖北的移民有什么优势呢？张之洞在湖北办洋务的时间比较早，既有铁矿也有铁路，还有机器厂。上海早期的实业机构包括江南制造局、上海铁路就是从湖北招技工和熟练工人的。上海当时新的机器厂最看重外国技师技工，称之为"外国铜匠"，但这些人工资高。招湖北技工花钱少，所以上海的湖北移民集中在机器厂、造船厂和铁路部门。铁路部门甚至有"湖北帮"。上海的移民是多元的，而且每种移民都能够发挥其所长，有自己的文化特色。

"华界"也是这样的情况。我们对比一下"华界"人口的来源，江苏第一、浙江第二、安徽第三、广东第四，也是有各地方的移民，也是这个特色。上海还有相当多的外国移民。我统计的是侨民，临时的、流动的外国人不算，而是正式登记并在上海居住下来的外国人。上海刚开埠的时候，1843 年有 20 多个外国人，而外国侨民最多的 1942 年有 15 万，一直到 1949 年还有 2 万多。但是这以后外国侨民只出不进，只死不生，最后一位外国侨民到 1980 年代去世。近些年才开始重新给外国人发"中国绿卡"。这批外国侨民的素质怎么样？有他们的特点。

从文化传播上讲，有两批侨民起的作用最大。一批是俄国人，或称白俄。俄国十月革命以后，富人、贵族、知识分子和其他被认为对苏维埃政权不利的全被驱赶出境。这批人在中国称为白俄。白俄主要聚集在两个地方，一个是哈尔滨，一个是上海，但上层白俄基本都集中在上海。他们中有世界一流的艺术家，比如有一位白俄声乐教授。中国那个时代，直到新中国成立后还在演出的一些男女高音歌唱家统统是他调教出来的，后来他又被苏联请回去做教授。世界一流的钢琴家，世界一流的芭蕾舞演员，上海的白俄中都有。还有一批是犹太人，而犹太人又分两类，一类是最早从清朝就来的，这批犹太人中最多的是企业家，比如沙逊、哈同、嘉道里家族等。哈同本来是沙逊洋行的一个普通职员，后来却成为上海的首富。这个人有商业头脑，精明、能干，而且定居、终老在上海。上海房地产这个概念，很大程度上是哈同提供的样本。哈同看到南京路当时已经相当繁荣，周围的地价已经很贵了，但是当时的南京路只到今天的西藏路为止，往西还没有，那里地价很便宜。南京路当时还不是水泥路，都是石板或泥地，一到下雨天路面泥泞不堪，而且石板路高低不平。当时主要的交通工具是马车，马车来来往往很不方便，晴天灰尘扬起来，冬天一下雨更滑。哈同就提出由他个人出钱铺一条地板的马路。他用进口木材把南京路都铺上地板，铺成后，看热闹的人将路两边挤得满满的，马车在上面行驶，无论是晴天还是雨天都非常平稳舒适。南京路嫌太短，要向西扩展，结果发现南京西路两边的土地早就被哈同低价买下了，所以他尽管花很多钱建了一条铺地板的马路，但以后通过出让或出租南京西路两侧的土地赚了大钱，成为他大大的第一桶金。这个首富精明到什么程度呢？他每天中午要给夫人罗迦陵打电话，告诉她是不是回家吃饭，但打一通电话要五分钱，他舍不得。那怎么办呢？他跟太太约好，要她中午注意听，电话连响三下停一下，再连响三下，表示他今天不回家吃饭。因为没有接电话，一分钱都不用，意思也传到了。这个方法到我们 20 世纪 80 年代出国时还在学。我们当时到美国，怎么给家里报平安呢？美国打国际电话要几美元，舍不得，但是不打电话，家里又担心，而且那时家里面也没有电话。我们就跟家里约好某天几点钟他们到门房那个公用电话旁守着，听到约定的声音（如响三下，停一下又响三下），就表示我已经平安到达纽约。我也试过两次，很灵，一分钱不花。虽然占了便宜，但那种做法是完全合法的。犹太人的精明就体现为在不犯法的前提下怎么最大限度地占到便宜。后一批犹太人就是在二战时被希特勒驱逐或自己逃出来的。这批人虽然是难民，但是他们在上海也做了很多，有办杂志的，有开书店的，有组织社团的，有教学生的，也起了很多作用。我们现在讲红色文化，很多革命前辈去法国勤工俭学前就是在上海完成准备工作并出发的。好多中共早期的党员和领导人要到苏联去，就是先在上海学俄语，共产国际派到中共的人大多在上海活动，中共的国际宣传基本都在上海进行。例如，徐悲鸿到法国留学以前先在上海学了西洋画。上海的外国侨民起了很大作用。

对比一下上海跟天津，我们可以看到上海在移民方面的优势。天津本地人占 40%，上海本地人只占 20%，所以上海的移民百分比更高。我们更主要看天津的移民是从哪里来的。其中最大的一支来自河北，第二是山东。但是到了近代，河北、山东整体上经济落后，文化层次低，所以天津吸收的移民整体素质跟上海不能比。上海的移民大多数来自发达地区，天津主要的移民都来自附近的农村，基本都是穷人、劳动力。而且天津移民的多元性也不如上海，几大地方的移民只占小部分，比较单一。天津有没有上层移民？有。当时连末代皇帝都跑到天津租界，下台的北洋军阀头子和下野的政客也都跑到租界，但是这些上层移民跟下面是完全隔离的，不像上海各个层次都有，而且以中间阶层为主。所以，天津虽然算为移民城市，但移民起的作用远不如上海，也没有形成像上海那样特色鲜明、丰富多彩的移民文化。

我们还可以看一个例子——近代的东北。东北很有特点，经济发展程度较高，但文化发展程度不如经济。东北的工业特别是重工业曾经是中国最发达的。1949年中国的钢产量15万吨多一点，不到16万吨，但是东北1938年的钢产量超过100万吨。工业发展了，整体经济水平也很高，新中国成立初东北是工业基地，第一个五年计划的大项目大多建在东北，被称为"共和国长子"。但是东北的文化发展情况如何？东北出了什么作家？除了萧红等少数作家以外，东北的文化几乎在各方面没有什么地位。据统计，科学院院士最少的是东北人。这是什么原因？这不是说东北本身有什么缺点，问题在于东北的移民。一直到19世纪60年代东北开放以前，整个沈阳以北基本上是荒无人烟。遭到俄国、日本的侵略后清朝才下令开放东北。以往东北不能贸然去，去也叫闯关东。闯关东有两层意思，一是前途未卜，碰碰运气；另一层意思是非法闯出去。东北开放后，大量移民从山东、河北等地迁过去。东北很多县、府都是在19世纪60年代以后才开始建起来的，都是在平地、空地上建起来的。比如，长春原来是一个屯，后来发展为东北的大城市。哈尔滨原来根本不存在，后来因为俄国修铁路修到这里，看到松花江过来这个地方地势比较好，设了个补给供应维修站，才发展成一个大城市。这座城市完全是由移民形成的。到"九一八事变"时，我们所说的3000万东北同胞中90%以上是移民。但是移民的来源单一，主要是山东人，其次是河北人，河南人是少数。整体文化水平比较差，社会层次低。上层的人很少，有文化的人更少。移民定居后从事的产业集中，要么开荒种地，伐木盖房，要么开矿挖煤，冶铁炼钢，发展的是重工业，有些地方产业非常单一。管理人员不是外国人就是从其他地方调来的。本地文化落后或空白，政府与主流文化起了消极作用。为什么起了消极作用？东北的南部受日本的影响，伪满洲国期间强制推行日语和日本文化；北部受俄罗斯影响，推广俄语和俄罗斯文化。新中国成立后，东北的重点是发展重工业，所以不可能重视其他产业。由于本地没有基础，移民又没有带来或形成一种新的文化，所以东北地区的文化并没有随着经济的发展而发展起来，长期处于落后状态。

这些都是过去，未来呢？未来移民城市会有几种可能。一种是到一定程度后向非移民城市转化。移民定居下来了，开始的一二代还保持着移民特色，但与原地的联系逐渐断了，生在上海、广州、香港的第三代、第四代，还会有多少移民特色？没有的。到一定的时候，城市人口饱和了，新来的移民越来越少。原来的移民已经转化成为当地人，没有新的移民来源或者是很少有移民来源，城市就向非移民城市转化。上海从1949年到1979年就是这样的状态。新中国成立后，首先由于帝国主义对上海的封锁，上海的外国人只出不进，犹太人回去了，或去了美国、以色列。一部分白俄被苏联召回去了，还有的人也趁这个机会到西方定居。老的陆续死了，新的没有进来，所以到 20 世纪 80 年代最后一个外国侨民也去世了。

1949 年前后，一批人从上海迁到台湾，上海人一度在台北市影响最大。台北 20 世纪 50 年代的百货店如果是从上海迁去的就是高档的，酒店餐馆、照相馆、钟表店凡是大牌的都是上海迁去的。台湾 20 世纪 50 年代的棉纱大王、汽车大王都是上海过去的。还有很多人是经过上海才迁过去的。例如，李敖老家在东北，他是先逃到上海，在上海的小学、中学借读一年多后才去了台湾。蒙古族作家席慕蓉告诉我，她家迁去台湾之前，也在上海住过一段时间。另一批人去了香港。1953 年前从上海到香港还是不受限制的。张爱玲在 1949 年以后还在上海参加过一些政治活动，后来以念书的理由迁到了香港。上海的不少上层人物、文化人、资本家也去了香港，如邵逸夫邵氏兄弟，已故的亚洲女首富龚如心及其丈夫家，被称为"香港文化教父"的已故的刘以鬯，一批作家、报人、出版家、音乐家、演员也是从上海过去的。香港回归前有一个笑话：有一天高官们在一起开会，相互看了看，说今天大家不要讲英文，不要讲广东话，而是讲上海话。为什么？董建华、范徐丽泰、杨铁樑、吴光正等全部是上海人或者会讲上海话。董建华是宁波人，但是他长期生活在上海，他碰到我们就说他是上海人。这些人全是上海过去的。在 20 世纪 60 年代以前，香港、广东这批人，包括霍英东、李嘉诚，都还没有发达，香港的经济、文化等各个方面都是上海人过去影响的。在内地，因为上海服务业发达，也有移民项目。比如，北京成了首都以后，周总理感觉北京的服务业不够首都的水平，遂下令从上海迁移了一批著名商店过去。上海几家服装店迁到北京后，包括毛主席等中央领导的衣服全是这些店的师傅做的。在一张照片上，毛主席跟几位副主席排成一排站着，所有人穿着人民装，颜色、款式稍有不同，但都是上海师傅给他们做的。中国照相馆是从上海搬过去的，周恩来总理逝世后用的遗照就是中国照相馆为他照的。上海的工程技术人员支援东北、大西北，上海的年轻人、大学生包括复旦的大学生参军参干，有的跟着解放军南下。我到福州去，得知那里干休所的好几位老干部就是当年从上海南下的，其中有几位是当年复旦大学的学生。上海输出的各类人才非常多，但是有没有迁入的？有。复员退伍军人，还有些分配来的，就是这些，其他基本上没有。

　　你们可能都不知道，1958 年是中国移民史上很重要的分界点，这一年全国人大通过决议，不许农村人口再自由迁入城市。这后来发展到不同等级的城市不能互相迁，比如说上海是直辖市，省级、地级城市的人就不能迁入。那时上海人要求调换工作、调换地方叫"两调"。什么叫"两调"？举个例子，假如我今天要迁到西安，我就必须找一个愿意迁到上海的西安人，这就叫"两调"。迁出两个户口也只能迁进来两个户口。我们图书馆老馆长的夫人在江西，他找到一个愿意从上海到江西的对调。但是她在江西还有一个女儿，结果女儿不能来上海，最后只能在江西把女儿送掉。所以上海在 1958 年以后几乎没有自主的外来人口。来的人要么是分配的，要么是复员退伍的，要么是特殊情况。到"文革"时上海输出了90多万知青，当然这些知青大多数都回来了，但是回来的积极因素很有限，增加的麻烦却很多。因为知青在外面，大多数人不是身体受过损害就是经济很困难。等到他们回沪，家里的房子已经没有了，有的知青甚至为了回城而真离婚、假离婚。这给当时的上海造成了非常大的困难，因为知青回来后没有地方安置，没有工作安置。在新疆的上海知青没法回来，他们只能有一个孩子到上海落户。这又出问题了。爷爷奶奶非要让孙子孙女回来，叔叔伯伯却讨厌这个孩子，认为孩子是来抢房子住的，引起家庭矛盾。他们的就业也成问题。由于他们的教育程度不够，多数人只能在公共汽车上卖票，被称为"小新疆"的售票员往往上海话也听不懂。上海成为一个典型的非移民城市，产生了很多的问题。所以移民城市转化为非移民城市很危险，而且也是不正常的。

如何保持移民特色？一是经常性的保持，二是阶段性的保持。经常性的不断的移民迁入，这个城市的活力与文化的特征是可以保持的。如果做不到这点，也可根据某一阶段发展的需求，有意识地引进某一些类型的移民，取长补短，趋利避害。这是维持一个移民城市最基本特色的必要条件。要保持移民特色，处在一种常新状态是最好的。世界上真正有活力的城市，经济、文化等各个方面都是这样一种类型。我有一次到伦敦去，它的一个副市长跟我们座谈。他说听说上海要建国际城市，我说是。他又问我是否知道国际城市的标准。他桌上有一本厚厚的资料，其中收集了他们在世界上选定并跟踪的8个城市的数据，包括上海的。

我发现书中的数据比我们的都详细，连上海人平均每人每年看多少场电影都有，各项经济、社会、文化指标也都有。他说根据他们的统计，上海常住外国人口勉强占到上海总人口的0.5%。我想可能还不到这个比例，因为上海如果以2000万人口算，会有40万常住人口吗？没有。他又问我是否知道伦敦有多少常住外国人。我说，多少？39%。这才叫国际城市。你看我们这个团队，有中国人，有塞尔维亚人，还有其他国家的人，这才是真正的国际化。今天有很多城市要建国际城市，但如果不注重引进国际移民也算不上是国际城市。上海现有0.5%的常住外国人，但要到1%都不容易。但是作为一个国际城市，3%的国际人士还是应该有的。我不知道深圳的指标怎么样，但如果常住外国人的比例很低，怎么能叫国际？"国际"不起来的。所以要保持移民城市特色，至少要做到有阶段性地保持某些类型的移民。当然最好是经常性的。

一个常新的移民城市，必然要把移民文化中对城市文化建设有利的因素经常性地保持下来，就要相对稳定，同时还要保持流动，鼓励竞争，保证公正、公平。为什么要相对稳定？流动性过快不叫移民，因为他们不定居，虽然他们相对保持了稳定。要相对保持稳定，我们以前最大的障碍是户籍，现在也是。上海是中央特地规定要严格控制城市人口的地方，上海报中央批准了2020年前户籍人口不得超过2500万人。有些外来的人，如果户口得不到解决，或者长期没有居住证，他们当然不可能稳定。但还要保持流动。为什么要保持流动？一个城市正常的容量总是有限的，而上海以前为什么能够保持得比较好？因为上海在历史上几乎每年都是有进有出。有进有出才行，这样才能把容量腾出来。

为什么有进有出？一方面当时是比较残酷的优胜劣汰，做买卖亏本得走，工作找不到也只好走。另一方面这也是一种比较积极的流动。比如说上海以前有很多人，当他们还没有成功或者是能力不够的时候，他们会主动选择去外地。例如，我们现在知道的大文学家、教育家叶圣陶大学毕业去了哪里？他跑到江苏一个小镇去做教师，其他好多人都是这样的。现在我们称为大师的钱穆，起先是在无锡的中小学教书，后来被顾颉刚发现，推荐到北京去，直接做了大学教授。现在的一些产业已经成为过剩或者夕阳产业，有的需要转移，这个时候能适应就很好。再如，一种文化艺术如果在这里绝对做不到顶尖，则应该到外面去，这样才有可能取得发展，也正好起到移民的作用。这就是流动，人才正常的流动。当前，像上海这样的城市长期是只进不出，大学这两年好一点，以前也是这样，引进来以后走不了，发现不好也要留，也不肯走。我当图书馆馆长的时候，党委书记找我谈话，说你这个馆长要负全责，你怎么工作、办不办事我们不管，但要负全责。我说好，你让我负全责，就得给我全权。他说可以，但有一个例外，就是不许裁人。我接受，但提出不许增加新的人。还好说过这句话，因为我做馆长后才发现责任很重。为什么？工作人员中光是进过精神病院的就有三个。我们以前各个单位都是这样的，单位要开除一个人，除非公安局把他关监并判刑才能开除，否则要等他放回来继续上班。城市也是这样的机制。现在很多民营企业和新的单位不是这样的，要你走人就走人，这样才能保持一个正常的流动。现在有一些退休老人还住在 CBD 里面，但他们干吗不走呢？离开这里，腾出来的房子价格高，置换为郊区或者是外地不是很好吗？所以发达国家的老人都会选择房价很低、位置很偏僻的整片养老社区。老人到那里去，养老资源集中，各种服务设施都很好。像美国的养老房大多是平房，楼梯都不用走，里面走廊都连起来，服务人员都是专业的，有多种选择。城市人口不是可以流动了吗？这样腾出位置，年轻人就能进来了。

如果城市不保持相对的流动，比如今天 IT 产业正好需要人就进来，但是到一定时候已经饱和了这些人还非要留在这里，这对他们自己也是不利的。要让他们流动出去，需要哪一种就进来，这个流动的过程要鼓励竞争，有序的竞争。由于调整产业结构，由于整治，深圳和广东其他地方的熟练工人或是成了管理人员的移民回老家去创业。这很好。因为这些人在广东已没有更大的发展空间，但是他们的技术、经验、管理能力使其到内地、到自己的家乡后可以成为技术骨干、高管或新的企业家。竞争必须保证公平，而不是简单的社会达尔文主义的优胜劣汰。到现在我都反对末位淘汰，尽管总是有末位的，但末位可以通过竞争有一条合理的出路，要让其认识到自己在其他地方可以有更好的出路和前途。所以鼓励竞争又保证公正，使城市人口保持积极的流动，同时基本部分又能够相对稳定，这才是一个最好的状态，一个常新的移民城市。在这个过程中要明确方向，明确城市对人口的需求，特别是对人才的需求，要有相对稳定的方向。不能什么文化艺术类型都引进。有的地方盲目引进人才，但引进了供得起吗？现在有的地方建很大的博物馆，不过照我说建博物馆还不如建展览馆，为什么？你有什么东西可以藏于博物馆？博物馆的特点是存放真品，都是照片、复制品怎么叫博物馆？所以人才也好，人口也好，要适当地调整，同时在这个过程中要加强主流，鼓励多元。有些元不是一个品种就可以了，不能都是同样的。对主流要特别加强，不可能全部都一样，体现不出特色来。

有的朋友一定要我对深圳发表一点具体意见。我虽然常来深圳，一年不止一次，但都是走马观花，很多东西只限于媒体报道或我略微接触到的。我认为深圳现在一个主要的问题是怎么巩固其移民城市的成果，即我最后一段所讲的如何保持成为常新的移民城市。至于深圳以后如何继续发展，我没有发言权。

跨界与艺术，一种新的生活方式

王小慧[*]

感谢大家假日冒雨出来参加活动，来这么多人，我担心边上加座的听众看不到屏幕。我真的很高兴，谢谢你们！其实今天来演讲也是挺意外的一件事。好多地方邀请我去做演讲，一拖拖两年、三年的都有，包括很多著名的大学或机构。但是周老师的面子特别大，他大概两个月前跟我说了此事，不过我当时正好要回

---

* 旅德华人，跨界艺术家。1986 年获同济大学建筑学硕士，留校后公派赴德国留学，现生活在上海和慕尼黑。她的早期创作以摄影为主，十年前开始跨界艺术实践，创作横跨摄影、影像、雕塑、设计、新媒体艺术与写作等领域。她曾于多国举办过数十次个人作品展，作品被国际著名艺术机构及收藏家收藏。在国内外出版过五十余部画册和著作，其中影响最为广泛的是自传《我的视觉日记》，曾获三个文学奖，畅销十余年，再版五十次。她还成功主持了一些颇具影响的中外文化交流活动和大型艺术项目。德国政府授予她"德中友谊奖"，香港《凤凰周刊》将她列为 50 位影响世界未来的华人之一。2017 年底她荣获"雅典娜大奖"，是这个全球杰出女性奖项 35 年来获奖的第一位中国女性。此外她还和许多国际著名品牌有很多合作，成为非常受国际品牌青睐的中国艺术家。她也曾获得网易"年度艺术美丽人物"全国评选第一名，是深受大众喜爱的艺术家。近期，上海市政府提供了该市中心的一座三层楼房作为"王小慧艺术馆"。

155

德国一个月，所以我 7 月份一回国就跟他联系。他说正好 8 月份要去广州，所以就约了今天，结果他自己倒因身体不好没有来。特别感谢我们的区委宣传部吴部长，因为周老师不在，她作为东道主昨天连夜特地从外地赶回来参加活动，非常感谢！

我跟周老师特别有缘分，所以我刚才跟图书馆特意要来了这本书——《花非花：周国平对话王小慧》。这本书是关于艺术家与哲学家的对话，他写得特别好。序言也讲了好多故事，介绍这本书是怎么出来的：最早是有出版社邀请他为我的摄影作品写文字，他答应了，但是他越看我的东西越觉得有意思，建议我出个对话集。但因我们两个人都特别忙，而且我也不用电脑，就一直琢磨在两个城市怎么对话。后来有次他到上海来出差，我说干脆我们坐下来聊天，让助手拿录音笔在旁边录，后来根据录音整理了 20 多万字的对话稿。但是在这之前他花很多时间写了一个非常全面的大纲，那个大纲很好，起初是因为我有一组黑白摄影作品叫《阴与阳》，他的大纲全部是按照"阴与阳"来做的。所有标题都是一对一对的，比如"爱与恨""善与恶""男与女"或者是"天与地"等各种各样的概念。他拟了大概几十条这类标题，打算按照这个标题去写。后来他跟我聊了大概四天，忽然全部又把这最初的设想都推翻了，就变成现在这么一本书。全书分为"艺术篇""人生篇"和"故事篇"三大部分，里面包含了他的很多哲理。他在每个章节前面都写了哲学的思考，紧跟着的是我们的对话，他提问我回答。我们最早想把此书作为我妈妈 80 岁生日礼物，但一拖拖了好几年，还好我妈妈在有生之年看到了这本书。周国平是我妈妈最喜欢的两位作家之一，所以她晚年卧床的大部分时间里放了一排书在床边，周老师的所有书都在。她会反复看。

我这样比喻不知道准确不准确，我觉得周老师有点像白居易，雅俗共赏。雅俗共赏是特别难做到的事，也是我的艺术所追求的目标。有些人写的东西可能非常高深，完全不接地气，老百姓不懂；还有一些人却是写得太俗，很落地，但是缺少书卷气，也缺少思想的深度和高度。能把这两者结合好的人，其实在中国文坛不是特别多，所以我特别荣幸能够跟他有这样的对话，对我来说既是一种学习，也是梳理自己人生与创作的一个过程。我也非常荣幸能够来到这里，在这么新这么漂亮的、带着他"DNA"的图书馆来做演讲。

今天这个演讲其实是两个不同演讲的结合，因为主办方希望我再讲讲"跨界"这个话题。关于"跨界"，我有一个专门的演讲，但是那篇演讲稿比较专业，比较学术化，不够通俗，所以我今天还是用我平时的艺术案例，并且重新做了PPT。

跨界思维被提倡

"跨界"实际上是我特别提倡的一件事情，可能"跨界"这个概念是我最早提出来的。早在2007年我就提出"跨界"，那个时候大家都还不讲"跨界"。我讲"跨界"的时候，我们还筹备了一个"国际跨界圆桌会议"，是跟瑞士一个非常大的品牌合作的。那个时候"老外"还没有听过这个词，于是我跟他们解释了很多，讨论应该叫"crossover"还是"cross boarding"更好，特别确切的翻译没有的。全部组织好了以后，我们还准备办一本《跨界》杂志，但后来因为 2008 年经济危机没有做成。我觉得有点可惜，但是后来这个概念倒是被认可了，以致现在很多人都在讲"跨界"，似乎跨界已变成一种很时尚的事情。我最近还做了一个"跨界学院"，目标其实就是提倡一种跨界思维和跨界能力。

我认为整合资源的优势来源于界与界的链接，我们的时代需要有跨界思维与跨界能力的人。为什么我要提"链接"这个词？大家知道过去有农耕时代、工业时代，它们后面是什么时代？信息时代。信息时代特别重要的是什么？互联，对吧？互联的关键词是什么？"链接"。我们说互联网也好，物联网也好，其中的关键词都是"链接"。

我们自己首先得有一个东西，然后才谈得上去跨和跨出去，自己什么都没有的时候是没有办法跨的，所以说"有界才能跨界"。首先你要有这个思维，其次你要有这种能力，不是每个人都有这个能力。有的人可能想做，但是他做不到。人与人能力不同，倾向也不同，比如让我把一件事做得特别深，估计我是做不好的。小时候妈妈总说我可能做得更好，但是可能要花百分百的力气，但如果用 90% 的力气，可能做到 90%，差一点点，但那已经很好了。基本上我后面是不会做的，因为我没有兴趣了。我喜欢跟着兴趣、跟着感觉走，尤其是小时候，现在比较有纪律性了，有克制能力了。我小时候经常这样，所以后来我更喜欢换来换去做各种各样的事情，做我更有兴趣的事，尝试新的领域。我觉得我这样的人特别适合做跨界艺术家或者是做跨界学院的事。性格使然。

跨界应成为我们每个人的基本心态

我觉得在今天的互联网时代，跨界应该成为我们每个人的基本心态。

无论是艺术还是商业，如果你能找到一个好的跨界切入点，你就可以拓出一个全新的世界。

我有一次做评委，遇到一个化工企业的老总，我们俩就聊到艺术。他说他看了一个展览，表演的一个艺术家把一部电话机放到一个浴缸里，于是大家称之为艺术，而且卖了几十万美金。

他很不服气。他说他可以把 100 个电话放在浴缸里，这是不是也可以称为艺术？

我就跟他讲了一个道理，说他这个东西不是独一无二的，不是首创的而是重复别人的。这在艺术里就已经没有价值了。

对于很多人来说可能都是这样，觉得艺术家的行为不可理解。

其实艺术家从本质上来说是探索者。

杜尚的小便池这个作品大家都听说过。他是第一个把小便池拿出来做艺术品的，但是它为什么能成为艺术品呢？因为他是第一个这样做的人，是他改变了艺术史。

在杜尚之前，所有人都认为把小便器画在一块画布上，使之成为一幅画才能称为艺术品。在小便器上画点什么、做点加工，不可能使小便池本身成为艺术品，太匪夷所思了。但是杜尚不以为然，为什么市场上现成的小便池就不能是艺术品呢？

杜尚是第一个提出现实生活中的器物也可以做艺术品的，只不过他的表达方式有点极端。他这样说大胆，引起关注，成功了，但他也可能会不成功，被人耻笑。但我觉得真正的艺术家应当是宁愿做不成功的探索者也不能做不探索的成功者。

跨界思维是一个不错的创新方法

$$
\begin{aligned}
&1）A \rightarrow B \\
&2）A+B=（A+B） \\
&3）A+B=C
\end{aligned}
$$

什么叫跨界？大家对此有不同的理解方式

第一个是最简单的从 A 到 B。我们知道达·芬奇是个多才多艺的人，但是他做的每一件事都是相对独立的。他涉及的领域包括绘画、雕塑、建筑、音乐、数学、工程、文学、解剖学、地质学、天文学、植物学、古生物学和制图学。他被人们称为古生物学、植物学和建筑学之父，更被广泛认为是世界有史以来最伟大的画家之一。他甚至尝试过造飞机。我曾经在米兰的达·芬奇博物馆看过他做的一些模型。他做过的事情及没做完的事情，真是令人叹为观止，不得不让人称之为天才。

第二个是从 A+B 到（A+B），两者进行了融合。比如，戏剧是把文学、舞台、音乐、灯光等融合在一起的一种艺术形态，就像鸡尾酒一样是混合的产物。在戏剧里你还是看得到诗歌、音乐等的影了，虽然它们叠加起来了。

第三种叫作 A+B=C，将 A 和 B 混合成一个全新的东西。它和第二种的区别就在于 A 和 B 产生了一种化学反应，出现了一个新的东西"C"。但是，我们现在出现的很多跨界融合，还没有到完全创新出新东西的程度，包括电影。

新媒体艺术：可能是一种真正意义上的跨界艺术

新媒体艺术在我眼里，是一种真正意义上的"跨界艺术"。

我们过去看任何艺术作品，都是一群人围着它看。比如我们看大卫的雕塑，都是站在它周围去欣赏的。如果想要看《蒙娜丽莎》，那你就必须飞到巴黎卢浮宫去看。

过去千百年来，我们都是这样去欣赏艺术的。

在信息时代，我们第一次有了一种颠覆性的方法去欣赏艺术——虚拟现实。比如我们之前在上海世博会就做了一次这样的尝试。

这里面就包含了新媒体艺术的几个特点：第一是去布景化，

一点现成的布景都没有。第二是沉浸感，即它可以把全世界的东西都变成360度虚拟的东西，使人可以沉浸在里面。它可以每三分钟就换一个城市，像孙悟空一样瞬间位移十万八千里，到不同的国家欣赏不一样的东西。它是以观众为中心的。第三是互动性和娱乐性。比如你手一挥，从阿拉丁神灯里面就会出来一个东西。再如，对某个你很喜欢这个东西，只要用手一点，画面上就会出现文字。

我还看到过一些视频，用户明明坐在室内，但在戴上VR眼镜后，就觉得自己仿佛站在悬崖边上，真的是身临其境。我觉得这些视频做得非常巧妙、非常有创意，未来我们可以用艺术的方式去解决很多社会问题。还有很多基于新媒体技术衍生出来的互动娱乐、体验式消费，在中国也普及得非常好。我认为它们有非常广泛的前景和商业空间。

其实我们现在日常生活中已经司空见惯的东西都是从新媒体艺术开始的。这里就不展开了。

所以，无论是艺术还是商业，跨界已经成为当代人的必备心态。

我是一个跨界艺术家

很多人都认为我是一个摄影家。

我确实很喜欢摄影，但我不是"摄影爱好者"，我也不把它当作一个职业，而是我的一种生活方式、一种本能。即便在那次车祸之后，我还会给自己拍照。好多人都说你都伤成这样了，动都动不了，怎么还想着给自己拍照。我觉得这是一种本能，拍照是我记录生活的内心需求。

还有一次我去台湾诚品书店做签售活动，对门卫说我要带着相机进场。他要我把包存起来。我问相机能不能拿进去，他们就问我为什么非要拿。

我说我必须得带着它，因为相机是我的第三只眼睛。

他们又问，如果我这两个小时不拿相机会是什么感觉？我说，你就想象一下两个小时暂时失去一只眼睛的感觉吧。后来他们就让我把相机带进去了。

即便如此，我还是想强调，我并不是一个摄影家，我是一个跨界艺术家。

摄影只是我涉足的一个门类，我还做雕塑、装置、新媒体艺术，还做设计和写作。

事实上，无论是艺术还是商业，如果你能找到一个好的切入点，就可以拓宽出一个全新的视野。我希望大家都勇于尝试，有时一条路走不通的时候，跨界会让你觉得"柳暗花明"。

有时候，在自己行业里大家觉得司空见惯的事情拿到另外一个领域去说，也许大家就会觉得特别新奇和有收获。知识也有不对称性，和不同领域的人交流，会出现新的互动，可能激发出灵感的火花。

世界上有两种类型艺术家：深井式和平湖式

从另一方面来看，我认为世界上的艺术家确实可以分为两种：一种是深井式的，另外一种是平湖式的。

前者从一个点使劲往下挖，可以挖很深，很专一。我认识一个非常有名的美国艺术家，她和我一起办过一个"双人展"。她的创作对象就是一条条细线，一毫米一根，密密麻麻地可以铺满整面墙。这个艺术家一辈子就创作这种画。

德国还有一个很有名的艺术家叫约克，一辈子就是做钉子，比如在一块木板或一根木桩上钉满钉子，钉完之后用纸去拓印，光那张纸可能就能卖几十万美金。所以这种类型的艺术家一辈子只研究一样东西。

还有一种艺术家是像海一样的人，很宽很广。这类艺术家包括毕加索、达·芬奇，还有我特别喜欢的法国雕塑家勒·柯布西耶。他后来成为现代建筑的代表人物，影响了一个时代。这些人都是像大海一样的艺术家。

至于我，我可能做不到像大海那样宽广，顶多是一个宽一点的湖，但是我会努力做得更深一点。无可否认，平湖式艺术家更适合"跨界"。

后面这一部分以图片为主来讲"艺术是我的生活方式"这个主题。同时，大家也可以看到我的所有创作都是跨界跨领域的。

如果时间还够，我可以给大家看一下我拍摄的艺术短片《破碎的月亮》。这部电影曾经得了很多国际电影奖项。作为学习建筑学的，如果我搞摄影出版画册是我的第一次跨界尝试，拍电影就是第二次。后来，我又做雕塑装置、新媒体艺术、灯光艺术等，当然也写作。在设计领域，我更是小到珠宝设计、产品设计、家具设计，大到建筑设计和园林景观设计都已涉及。事实上，当年我在同济大学建筑学院写硕士论文的时候就已经把触角伸到美学、心理学、行为学、传播学等一般工科学生不太会关心的内容上，当时引起了不少关注。我的硕士论文洋洋洒洒几十万字，至少从字数上远远超过后来的很多博士论文。当时中国最权威的国家级杂志还全文连载了我的硕士论文，之后又有一些不同形式的"盗版"。可见读大学的时候我已经不太安分了，当时我兴趣爱好广泛，看的书非常杂。这可以说是我跨界思维的最早阶段吧。

答观众提问摘要

现场观众提问踊跃，此处摘录部分问答以飨读者。

问：您在论坛提到过摄影家齐格丽特与您亦师亦友的关系，她曾经说过很怕她的话让您在人生轨迹上走错一段路。我想问您对此有何感受，另外您最后选择要走的这条路是否正确？

王小慧：我非常相信缘分。齐格丽特是对我影响很大的一位德国摄影艺术家。她是一位独立女性，一生有很多机会嫁给一些非富即贵的人，但是她依然保持着独身。当年的故事是这样的，当我在纠结是不是要改行做艺术家的时候，她对我说你做艺术家吧。十年后她对我说，她很庆幸这句话没有说错。一个人如果没有才华成不了艺术家，但即便有才华也可能穷困潦倒。艺术家不仅需要才华还需要勤奋，同时，机遇也是不可或缺的，很多艺术家到老到死也未被人发现。我要感谢她为我指的这条路，她跟我是亦师亦友，而且她说希望我们以后是越来越多的朋友关系和越来越少的师生成分。其实并不是每个人一生中都能这样幸运地碰到这样的人，能够在你年轻的时候为你指路，否则我可能再摸索十年、二十年也还是没能找到正确的路。

但是，如果你年轻时没有遇到这样的人生导师，好书同样也可以成为良师益友，为人生指明道路。来到这里的都是爱书之人，恭喜你们的人生都有好书相伴。

问：您在德国和中国多年，能不能简单概括一下您对中西文化交融的理解？

王小慧：今天大家的提问太踊跃了，我想给更多读者提问题的机会，所以就用最简单的语言来回答好吗？大家都说要东西文化交融，但是两种文化可以交融得好，也可能交融不好。交融不好就会很糟，就像我自传序言里贝歇尔教授说的那样，成为东西文化的"混合稀粥"。两种好酒可能混合成完全不能喝的怪味酒。文化的碰撞和交融也是如此，是需要试验的，时间、地点、机会与人都很重要。我们应当找到对的东西，在对的时候、对的地方做对的事情才会有好的结果。

问：20年前我就看过一篇您的报道，题目叫作《最美女人王小慧》，我想今天您这个讲座也诠释了什么是美。不过，我还是想听您亲口说一下您对艺术的美或人的美的理解。

王小慧：我简单讲一下。艺术最重要的不是美，当代艺术评论家如果只说某某艺术作品很"美"，这甚至可能是一种批评。艺术不应当是仅仅有形式而无内容的，而形式也不仅仅是"美"一种。当然视觉艺术首先应当有视觉吸引力，如果它都不能吸引观众去看，就更无从谈起向观众传达内容了。

至于人的美，我喜欢奥黛丽·赫本式的人。她是那种在任何时间段都美的女人，这种美不仅仅是外在的，更是内心的，由内而外的。可以优雅地老去的人并不多。

问：深圳有很多年轻艺术家，他们有点迷茫，所以我想问一下艺术的灵魂要怎么表达出来。

王小慧：这个问题很大，我也试着简单回答一下。其实每个艺术家都在探寻，很多艺术家可能会迷失，比如为市场需求而生产，却不是为灵魂而创造。因为金钱的诱惑力是不容小觑的。所以我说艺术家首先应当要不被诱惑，包括名与利的诱惑。我喜欢跟着感觉走，以前拍抽象的作品，当然现在抽象作品很受欢迎，但是在当时谁都不懂，但是我喜欢我就拍，而且拍得很入迷。当时我拍的人体摄影及花卉摄影都在市场上受到追捧，但我过了那个阶段就不重复创作那类作品了。我不是为了市场去生产可以销售的产品，那样艺术就不纯粹了。艺术家用作品发声，用作品告诉别人你想告诉他们的东西。如果你能忠于自我，忠于自己的感觉，知道自己想表达什么，你就能比较接近灵魂了。

问：今天您提到跨界这个词，您说跨界需要本身有跨界的基础。那么作为普通人，跨界能力是一种天赋还是可以后天习得的？您的跨界能力这么强，是不是因为您有特别的身份或者天赋？我特别想听您分享一下这方面的事情。

王小慧：人说性格决定命运，我小时候就很不安分，什么都喜欢去尝试，所以哪怕在"文革"中，我也能在编剧、舞蹈、演话剧、拉手风琴等方面做很多"创作"，当然都是带政治宣传色彩的。其他像摄影、裁缝、烧菜甚至做家具我都做过。有的人真的不适合跨界，比如陈景润一辈子都在研究数学，并达到很高造诣。他就是深井式的人。我试着做深水湖，但不是那么容易做到的。至于跨界能力，我认为它跟先天有关系，跟后天培养也有关系。有时候你一直走一个方向可能会走进死胡同里。人生真的很短暂，如果你一直走这条路，走了很多年后却发现到了瓶颈，到时就没法重来了。不是每个人在很大年龄的时候都还可以重来的。但跨界有可能让你突破瓶颈。举个例子，巧克力的市场竞争很大，怎样才能让消费者选择你？一家公司就做了奇趣蛋，蛋里面有令人意外惊喜的小玩具。很多小孩子喜欢收藏，于是就为了里面的小惊喜去购买这种巧克力。不迎面去竞争而是另辟蹊径，这就是跨界思维。

问：您是一个完美主义者吗？您怎么接受生活中的完美和缺陷？

王小慧：我今天没能让大家看《破碎的月亮》这部电影。这部作品提出的其实就是这个问题：世界上到底有没有完美？月亮在中国文化中本来象征完美，你看天上的月亮可能是完美的，现实中的月亮却是破碎的。所以你要接受这个事实，即世界上实际没有真正的完美，但是你可以不断地接近它。关键是你要相信这还可能会有，比如爱。我曾经在书里写过一句话："遥遥远远的梦，走近它，别放弃，会成真。"

问：感谢您分享人生的低谷。很多人可能没有遇到您那么大的低谷，但是如何保持积极的心态去发现自己生活中艺术的美呢？

王小慧：首先，其实我觉得没有哪个人的生活会是一条直线，都会有高有低，只是起伏的幅度会不一样。我在人生最低谷的时候七年都不大出门，也不见人不参加活动，而是宅在家里。后来我去意大利旅行了几天，豁然顿悟，从此改变了我的人生。我的一位漫画家朋友画过一张画，画的是外面大太阳而里面在下雨。他说这是我给自己造的小环境，这个环境是忧郁的、悲伤的、悲惨的。碰到人生挫折不顺时请记住一句话："永远还有明天。"

问：您觉得抖音这样的内容表现形式是艺术吗？

王小慧：我对新技术不是特别了解，但艺术这个东西本身就是很难定义的。在博伊斯看来，其实人人都是艺术家，每个人都能够成为生活中的艺术家。如果抖音表达的内容有艺术性，特别是有独特性、唯一性，为什么不能称之为艺术？

问：普通人应该如何去欣赏艺术？我的朋友都很喜欢看艺术，但是我看不出艺术有什么特别的地方。

王小慧：艺术的"术"字其实特别不好，真正的美学应该是有自己灵性的东西，而不是匠人手中的工艺品。许多东西在我眼里，哪怕工艺再精湛，也只是工艺品，不是艺术品。

艺术作品首先要有自己的灵性，其次要能打动人。它可以通过五感让人感受到。所以欣赏艺术靠的并不是脑子，而是感官。很多人观赏艺术时说这个看不懂，那个看不懂，其实艺术不需要懂的。正如听音乐一样，你不用分析它的节奏旋律，更不一定要知道曲子的流派、创作历史等背景信息，你只要能沉浸在其里面就好。

现在的很多艺术其实特别枯燥。大家过多地关注艺术的社会功能而忽略了它本身的视觉冲击性，但是我不认为艺术首先是美的。好的艺术具有视觉冲击，可能不一定仅仅是美的，也可能是丑的。

对于想接近艺术又不太懂的人来说，我建议可以先多接触，慢慢地培养观察力和感受力。我个人觉得艺术是世界上除了爱情以外最美好的事情。人生如果失去艺术就太遗憾了。

哲学第一课 *

周国平

（一）

  刚才主持人说我应该当国家图书馆馆长。如果让我选择当国家图书馆馆长还是当坪山图书馆馆长，我肯定选当坪山图书馆馆长。今天我非常高兴有这么多人来参加活动，为"与周国平共读哲学经典"启动仪式捧场。

  "与周国平共读哲学经典"这句话里有三个关键词。下面我讲一讲这三个关键词大家就清楚这是个什么活动了。这三个关键词的第一个是"共读"，第二个是"哲学"，第三个是"经典"。这句话里最不重要的就是"周国平"这三个字。

  我先讲一讲"共读"，这实际上是在说我们为什么要办这个活动。其实从今年1月起担任坪山图书馆馆长以后，我就一直在

---

* 此文是在"与周国平共读哲学经典"启动仪式上的演讲实录。

想我能为图书馆做什么。我觉得我能做的可能是别人不一定能做或者是不一定方便做的两件事情。第一件事情是把我朋友圈里那些优秀的学者、作家引到坪山来跟大家见面，来做讲座。这件事情我今年一直在做，平均每个月会来一位学者或者作家。第二件事情是，作为馆长，我想其实最重要的事情就是带大家一起读书。我的理想就是让经典走进大众，让阅读成为时尚。因为我自己读书，从读经典中受益无穷，所以我希望大家也能得到这个益处。实际上从今年5月份开始，"与周国平共读一本书"的活动已经试运行，但主要是在坪山图书馆的公众号开展，试运行期间参与的人不是太多。我要求大家写读书笔记，最后收上来大概20多份读书笔记。我挑出比较好的、我比较喜欢的大概十来篇，每一篇我都认真地做了点评，也发布在坪山图书馆公众号上。但总还是有点遗憾，我在想能不能把这个活动搞得更加活泼一点，更加有声色一点，更加有影响一点。最后我产生了一个想法，就是坪山图书馆、周国平公众号及十点读书联合起来办这个活动。我也很幸运，因为其实我本来不认识十点读书的创始人林少先生，但是我太太跟他联系得比较多。周国平公众号是我太太打理的。我们与这些自媒体沟通后达成一致，由我们三家联合来做。我也非常感谢林少先生。据我所知，十点读书现在是国内规模最大的自媒体读书平台，有3000多万用户，且用户群体非常成熟。它不但是规模最大的，而且口碑也是最好的，基本上没有负面新闻，满满的都是正面新闻。比如，最近的一则新闻报道了我们现任中宣部部长到十点读书的书店去视察的事情。这样我们三家联合来做这件事情，这个活动在坪山图书馆、周国平公众号、十点读书同时发布，这就是我们办共读活动的由来。

第二个关键词是哲学。为什么我要带大家读哲学书而不是经济学书？因为我不懂经济学，我就懂哲学。我对哲学很熟悉，因为我几乎一辈子都在学哲学。从 17 岁进北京大学哲学系到现在，我这辈子基本上都是在学哲学，所以这块我很熟悉。当然这是一个理由，而你们可能会说你是熟悉哲学，可是如果这个东西没有什么用，和我们没有关系，你干吗要带我们学。其实我觉得哲学和每个人都有关系。如果要说哲学和经济学的重要性，我认为哲学比经济学重要得多，并不是因为我不懂经济学。大经济学家哈耶克是诺贝尔经济学奖获得者，他说在所有学科中，哲学是最重要的。哲学提出了一般观念、基本理念，然后用这个基本理念影响社会科学的各个领域，再影响大众。他说经济学家如果不同时是哲学家，他一定是个很糟糕的经济学家，所以任何社会科学背后都有哲学的理念。我基本可以说一个不懂哲学的学者，在哪个领域都不行，一定是这样的。我们不是学者，我们是普通人，但我觉得哲学和我们的关系也非常大。其实我们在这个世界上生活，最重要的事情是什么？我们一辈子就这么长，如果我们一辈子平平庸庸地过去，糊里糊涂地过去，你说多可惜！所以我觉得最重要的事情是让我们活得明白，让我们活得有意义，哲学就是干这个的。哲学就是要你去想怎么样才能活得明白，怎么样才能活得有意义。用苏格拉底的话来说，哲学就是探讨什么是好的人生。我们每个人都盼望有个好的人生，那么通过哲学我们可以去思考这个问题。这是我为什么要带大家读哲学的一个原因。

为什么要读经典？从我自己的体会，我学了一辈子哲学，真正对哲学有所领会是在读了那些哲学经典，读了那些大哲学家的书之后。所以我要带大家读经典而非读周国平的书。有时候有人会把我称为大师，这个时候我就感到很惭愧，因为我知道什么是大师。我读了很多经典，知道大师是什么分量。那么周国平的作用是什么？无非是把你们领到大师面前，告诉你们这几位是大师，读他们的书使我受益匪浅，所以我也希望你们读他们的书。所以我的作用是做读者和大师之间的桥梁。到达大师那边以后，你们可以把这个桥梁拆了，不要再理睬周国平，因为他的作用已完成。一个人永远站在桥梁上的姿态是很可笑的。这就是为什么要读经典。我觉得在我们这个时代，读经典尤其重要。在这个互联网时代，信息像潮水一样涌来，如果一个人内心没有积淀，没有打好底子，他是无法辨别潮水一般的信息里哪些是对他重要的、有用的，哪些是没有用的、是垃圾。现在很多青年就有这种情况，让我觉得比较可悲的。那怎么办呢？你怎么样才能为自己打好底子呢？读经典。你读了足够分量的经典以后，就会知道什么是有分量的东西，什么是好东西。再次面对互联网信息的时候，你们就很清楚了。以前没有互联网的时候，书也一样泛滥，但是我读过那么多的经典以后，一本书拿来我就知道它是不是好书，该不该读。读经典会培养我们一种内在的嗅觉和视觉来帮助我们判断。所以我特别主张读经典。

这三个关键词我讲完了。至于读哪些经典，主持人关照过不让我说。这个是秘密，最后才能揭晓，所以我不透露书名书目，但是我把计划简单地说一说。最后定下来的计划是这样的：从9月份开始，每月读一本书，暂定先读 6 本书。这 6 本书会在三个平台上同时发布，而我会做两件事情。第一件事情是每一本书开读的时候，我会录一段视频发布在十点读书上。其实我们其他平台都可以发，包括我们图书馆的平台。视频是我对要读的这本书的理解，我会跟大家讲我是怎么理解这本书的，这本书的重点在哪里。因为有的书很厚，几天是读不完的，所以我会把重点勾出来，大家读其中的某些部分就可以了。这是我要做的第一件事情。第二件事情是我会关注大家写的读书笔记。我希望参与的人都能提交读书笔记，而我会对其中一部分做点评，重点点评我们坪山图书馆的读者，其他好的读书笔记我也要点评。我们会从全国好的读书笔记中选出若干篇来，到明年 4 月份世界读书日的时候请他们到坪山来一起来谈读书的心得。我就讲到这里。

（二）

其实我觉得今天坐在这里主讲的是胡洪侠更合适一点，因为他真的很懂哲学。他从六本书的每一本中找的那些话说明他很用心。从这个角度去看哲学家，我觉得这也是他的特点。我觉得把哲学变成一个好玩的东西是一种才能，我缺的就是这个才能。

我今天讲的题目是"哲学第一课"。定了这个题目以后，我心里挺慌的，因为我不知道讲什么。我太太问我哲学第一课要讲的内容是什么，我说这是秘密不能告诉她，其实是我自己也不知道什么内容可以作为第一课。最后我想这样讲：因为我们正好要读六本哲学经典，所以我想跟你们讲讲我对哲学的理解，也可以说哲学到底是什么，或者我们应该怎样学哲学。

哲学是什么？我想每个人都听说过一些关于哲学是什么的说法。英国哲学家以赛亚·伯林说"什么是哲学"本身就是一个哲学问题。你对哲学有一种理解，这本身就表达了你的哲学观点，无论你给哲学下什么样的定义，一定是会表达你对哲学的观点。比如，我听说有这样一种对哲学的定义，即哲学就是用谁也不懂的语言来谈一些谁也不关心的问题的学问。这也是对哲学的一种看法。这种对哲学的看法认为哲学是不需要的，是没有用的。还有一种观点是柏拉图谈到的。柏拉图是古希腊特别伟大的哲学家，古希腊哲学三巨头之一。第一个是苏格拉底，第二个柏拉图是苏格拉底的学生，第三个亚里士多德是柏拉图的学生。柏拉图认为这个世界治理得很差。原因何在？因为哲学家没有权力，如果哲学家有权力就可以把这个世界治理好，但是哲学家掌握权力这点很难做到，不得已求其次，让有权力的人懂哲学，这样这个国家就可以治理好了。这就是柏拉图的理想，他不但这样想，而且还企图这样做。所以后来柏拉图来到意大利一个名叫叙拉古的城邦，城邦的统治者被称为僭主，因为他是靠非法方式得到了权力，成了这个城邦最高的统治者。僭主名叫狄奥尼修。柏拉图到了那里以后，想让这个僭主成为一个懂哲学的人，于是天天给他上哲学课。上了几天以后，狄奥尼修说他知道什么是哲学了，哲学就是无聊老人对无知青年的一种谈话。下了这个结论以后，他把柏拉图送到奴隶市场，把他当奴隶拍卖了。当时柏拉图是有很多"粉丝"的，"粉丝"里面有的人是非常富有的，一个富有的"粉丝"把他买下来之后释放了他。从此，柏拉图绝了这个念头，回到雅典开办了他的学院。如果那个时候柏拉图被卖掉而没有人赎回他，他的学院就不存在了。这也是个定义——无聊老人对无知青年的一种谈话——也是表达对哲学的一种看法，认为哲学是一种老朽的东西。

说起给哲学下定义，我也想起自己的一件往事，我是怎么样走上哲学这条路的。高中毕业的时候，我为什么会去考北京大学哲学系？是因为毛主席给哲学下了一个定义。高中时，数学和语文是我最喜欢的两门课，我一直是数学课代表，解起数学题尤其是平面几何题、代数题来是其乐无穷的。语文我也很喜欢，我的作文写得不错，老师经常拿来当示范。所以在报考志愿的时候，对于到底是考文科还是理科，我非常矛盾，哪一科都不想放，又想要数学又想要语文。这种情况下，毛主席给哲学下的定义给我指明了方向。毛主席在《实践论》中说哲学就是自然科学和社会科学的概括与总结。我说这就好了，我上哲学系，自然科学、社会科学都有了。我就是这样报的哲学系，当然我觉得这条路是走对了，算是歪打正着了。

实际上对于什么是哲学可以有很不同的理解。我觉得要理解什么是哲学，我们先要回到哲学的故乡，回到哲学的源头——古希腊，因为我们所说的哲学是诞生在古希腊的。但是你们到古希腊去看一看，会发现一件很奇怪的事情，即那时候根本没有一门学问叫作哲学，没有一个学科叫作哲学。哲学一词在希腊文里的原意就是爱智慧。后来日本明治维新的时候，日本启蒙思想家西周把这个词翻译成"哲学"，于是后来我们就沿用他的翻译。西周这个人很了不起，他是把西方哲学引入日本的第一人，也写了很多书。日本人是通过他知道西方哲学的，而且他还把大量英文、德文哲学的概念翻译成汉文。日本的学术语言是汉文，所以我们现在用的很多抽象概念，如主观、客观、归纳、演绎等，全是西周翻译的。他的译法就成了定译，没有更好的翻译来将其取代。严复不服气，自己弄了许多古里古怪的翻译，最后没有人理他，所以他翻译的术语没有留下来。但是"哲学"这个翻译容易让人造成误解，让人觉得它好像是一个学科，但它本来不是一个学科，其本义就是"爱智慧"。爱智慧不是一门学科，而是一种人生态度，一种精神品质。哲学家不是一种职业，不是一种专业，而是一种精神生活的类型，是一种人格。后来人们对哲学产生了很大误解，这里要澄清一下。大家要记住学哲学不是学知识型的东西，不是把哲学当成一门学科，当成一种知识来学习，要追求的是精神生活的一种高度，是爱智慧。这是我要澄清的一个误解，即哲学不是学科，虽然这个名称中有个"学"字。它是一种人生态度，一种精神品质。

哲学是怎么开始的？苏格拉底、柏拉图、亚里士多德都有一个说法，即哲学开始于惊疑、惊奇和疑惑。我查了一下，柏拉图的著作里是这样说的。大家知道苏格拉底是古希腊第一个伟大的哲学家，但是他和后来的哲学家都不一样，他从来没有写过书，也没有留下任何著作，像孔子一样述而不作。他整天在雅典的街头跟一帮年轻人聊天、谈心，问他们问题来启发他们。有一回他跟一个名叫泰尔泰德的青年聊天，跟他讨论一个问题，即什么叫知识。后者是个很聪明的学数学的青年。泰尔泰德说了很多他对知识的看法，最后苏格拉底却说他没有把知识真正的含义说出来。其实知识到底是什么，苏格拉底自己也说不出来，他就是用这种方法让人知道自己是无知的，别以为自己什么都知道，其实不知道。所以最后连泰尔泰德都糊涂了，他说自己真是感到惊疑，原来自己这么无知。苏格拉底说感到惊疑就说明你有哲学家的气质。哲学没有别的开端，它唯一的开端就是惊疑。那么，按照苏格拉底的解释，什么叫惊疑？就是以为自己很有知识，是知道的，却突然发现这件事情上自己其实是无知的时候，就感觉到了惊疑。所以，苏格拉底说哲学就开始于知道自己无知，并因此感到了惊疑。他说有两种无知，一种无知是单纯的无知，就是不知道而已。还有一种无知是自己不知道却自以为知道，他说这种无知准确的名称是愚蠢。单纯的无知是可以挽救的，无知可以变成有知，但明明是无知的而自以为有知，这种人是不可救药的。这种人和哲学永远无缘，也永远不会感到惊疑。这是苏格拉底的说法。这是柏拉图著作里的话，因为苏格拉底没有留下任何著作，他的话我们基本上是从柏拉图的著作里知道的。柏拉图写了很多书，其主要写作方法是对话，而对话的主角就是苏格拉底。实际上柏拉图在苏格拉底生前、自己当他弟子的时候就已经开始这样做了。有一天苏格拉底看到柏拉图的一本书，看了以后就问这个年轻人编了他多少谎话。柏拉图假托苏格拉底为主角来谈他的思想，且他的大部分著作都是这样的，结果弄得后人很麻烦，让人分不清到底哪个是苏格拉底的哪个是柏拉图的。经过研究，现在基本上弄清楚了。柏拉图早期的几本书是比较忠实反映了苏格拉底的看法，但是中期和后期的著作基本上是他自己的，和苏格拉底是没有什么关系的。

我们从他这个命题开始，即哲学开始于惊疑。汉译为"惊疑"的这个词在希腊文里实际上包含两层意思，一层是惊奇，一层是疑惑。实际上，惊奇和疑惑是两种很不同的心情。自以为知道，但是发现自己其实无知的时候感到惊奇和疑惑。惊奇这种心情是快乐的，发现自己无知便激发起了好奇心，就想去求知，想满足自己的求知欲。疑惑这种心情则是比较压抑、痛苦的。所以这两种心情不太一样，而惊疑混合了这两种心情。

我用惊疑来解释什么是哲学，以及哲学到底要讨论什么问题。我把惊奇和疑惑相对地分开，惊奇是面对世界的。其实面对世界的时候，我们经常会感到惊奇，面对我们未知的，比如看到星空，我们会感到惊奇。对于宇宙为何这么大，这个星空外面是什么，我们会感到惊奇，想知道世界的真相是什么。疑惑主要是面对人生。人生有很多自己想不通的事，会令人感到疑惑。所以我把它们相对地分开。

哲学在刚诞生的时候，主要是面对世界、面对宇宙感到惊奇。早期哲学家，如苏格拉底以前的哲学家，基本上关心的是宇宙是什么、星空是什么等问题，他们想解释这个宇宙。基本情况是这样的。所以，早期的哲学家基本都是天文学家。我们认为第一个哲学家是泰勒斯，但他活着的时候没有人说他是哲学家，只知道他是天文学家。他家乡的人给泰勒斯立碑，以他作为他们的骄傲，而碑文称其为永垂不朽的天文学家。泰勒斯有很多天文学上的发现，实际上我们现在知道泰勒斯是生活在公元前585年前后那段时间，就是因为他曾经预言过一次日全食。古希腊第一个历史学家希罗多德在他的《历史》里把这次日全食记载下来了，而后人根据天文数据研究发现这次日全食发生在公元前586年，由此断定他在那个时候生活。我觉得特别有意思的是他非常关心天空，关心宇宙，以致当时还闹了笑话。他经常抬头看天，有一

回不小心掉到旱井里了。跟随他的女仆说他关注天上的事情却不
了解脚下的事情，觉得这是一个缺点。当时这个故事是柏拉图在
他的著作里记录下来的，柏拉图说哲学家都是这样的，他们关心
的是永恒，不会关心身边的琐事。在泰勒斯之后，苏格拉底以前
的，包括毕达哥拉斯、阿那克萨戈拉等都是天文学家。阿那克萨
戈拉也很有意思。他家里很富有，但是他把自己的家产都给了亲
戚，一点也不留，然后他整天隐居起来研究天空、太阳、月亮、
星辰。所以有人看不过去了，问他活着到底是为什么。他说他就
是为了研究太阳、月亮和星星。那个人又问他难道不关心祖国
吗？他回答说他很关心祖国。他是指着天空这样说的，意思是宇
宙就是他的祖国。我觉得这很有意思，因为早期的哲学家，包括
后来的哲学家试图弄清世界的真相是什么，而他们实际上是把宇
宙看成了自己的祖国。人们在某个国家居住，在某个城市生活都
是偶然，因为人们也可能会生活在别的地方。但是人生活在这个
宇宙里是必然的，这个大环境是逃不脱的。而且在哲学家看来，
地球上的那些国家、城市，虽然今天存在，明天可能就会被消
灭，不能成为真正的祖国。所以，他们要到宇宙中找人类生存的
永恒根据，认为那才是祖国。这是苏格拉底以前的情况，我觉得
当时是面对世界的惊奇占主导地位。

从苏格拉底开始发生了一个转折，对人生的疑惑开始占主导
地位了。按照西塞罗的说法，苏格拉底是第一个把哲学从天上引
到地上来的人。苏格拉底40岁以前是阿那克萨戈拉的学生，那
时他关心的也是宇宙、天空，不过从40岁开始他发生了一个转
折。这个转折是怎么发生的呢？大家知道当时雅典最重要的神庙

是德尔菲神庙，在那里"求签"很灵的。于是苏格拉底有个朋友去那里"求签"，问了一个问题。他问谁是全雅典最智慧的人，神签回答说是苏格拉底。苏格拉底奇怪了，自己这么笨的人，怎么还有人说他是最智慧的人。于是，他开始在雅典城里访问以智慧著称的人，包括诗人、政治家、手工艺人。访问完，并跟他们聊了以后，他就说他知道为什么了。他们都是在自己的领域有那么一点点知识，但他们对最重要的问题是无知的，可是他们还自以为是。他说他知道自己是无知的，最重要的问题他不懂，所以神签说他是最智慧的人，因为在人类里面最智慧的人是知道人本身是无知的。这样的人才是智慧的人，人不可能全知。只有神才是全知的。人是无知的，所以人要追求知识，这就是智慧。所以从此以后他不再关心天上的事，就关心灵魂方面的事，他认为哲学最重要的是去寻找什么样的人生才是好的人生，怎么样让自己的灵魂有好的状态。他认为这是哲学应该干的事。所以那以后发生了一个转折。

不管怎么样，我觉得这两方面我们都需要。哲学一方面是对世界的惊奇，一方面是对人生的疑惑，基本上是由这两个方面组成的。所以，如果你以好奇心面对世界的时候，说明你已经进入哲学了，或者你对人生有困惑是好事情，说明你有可能成为一个哲学家。一个从来不困惑的人是不可能和哲学有关系的。

实际上疑惑这种心情，我们每个人都有，尤其是在孩子身上。我发现孩子对世界的好奇和对人生的困惑很早就开始了。我写过一本书叫《宝贝宝贝》，是写我女儿小时候的事。书里专门有一章是写她小时候提的哲学问题。我相信一句话：孩子都是哲学家。有人老问我什么时候开始让孩子学哲学比较好，我说你这个问题提错了，孩子本来就是懂哲学的，不要别人去教他们。关键是我们要去发现孩子什么时候开始对哲学感兴趣，什么时候开始提哲学问题。那个时候，我们需要去鼓励他们，跟他们一起讨论问题。孩子和哲学天生是有缘的，这点我从我孩子身上看得很清楚，因为我女儿4岁时提了大量哲学问题。我刚才说哲学一方面是对于世界的惊奇，一方面是对人生的疑惑。有关对世界的惊奇，我女儿4岁的时候就会问妈妈："妈妈，云的上面是什么？"她妈妈说："云的上面是星星。"她又问："星星的上面是什么？"妈妈回答说："星星的上面是星星。"她问："最后的最后是什么？"妈妈说："可能没有最后吧。"她就奇怪，回过头指着我们家的天花板，意思是这个天应该有顶吧。那个时候我没有办法跟她说清楚空间的有限和无限这个问题，但是我马上就意识到她问的就是典型的哲学问题。康德说四大哲学问题怎么回答都回答不好，因为回答都是错的，其中一个问题是宇宙在空间上是有限的还是无限的。女儿提的就是这个问题。

她又说："妈妈，有一个问题你肯定回答不了。"妈妈说："什么问题？"她说："你告诉我世界的一辈子有多长。"这是时间的有限和无限的问题，她妈妈果然回答不了。有一回她又问："妈妈，世界上第一个人是从哪来的？"妈妈说："中国神话里面说是女娲造的。"她马上问："女娲是谁造的？"她妈妈又回答不出来了。像这样的问题她提了很多，体现的是她对世界的惊奇、好奇。

另外，她对人生的困惑也是从4岁就开始了。她经常说的一句话是她不想长大，因为她那个时候已经知道人长大了会变老会死。她这样说的时候非常痛苦，满脸是沮丧的表情，但她经常说，而且身体上也有了表现。她早就不尿床了，但自从说了这个话后天天尿床，因为她想证明她没长大。有一天她问："爸爸，时间为什么会过去？时间要是不过去该多好啊，什么是时间啊？"我说："宝贝，你提了一个特别棒的哲学问题，但是这个问题好多大哲学家都回答不了，爸爸是个小哲学家就更回答不了。"她说哲学家不管大小，是哲学家就要思考，让我想想。我说好，我们一起来想。她真的在想，过了几天她跟她妈妈说："妈妈，我知道时间是什么了。"妈妈说："你说说是什么。"她说："时间是一阵一阵过去的，比如说我刚才说的那句话刚才还在，现在没有了，想找也找不回来了，这就是时间。"她非常准确地把时间的稍纵即逝、一去不复返的性质说出来了，而且她打的比方很好，说话就是这样的，话刚出口就没有了，你到哪去找？

还有一回，她问我一个问题，她说："爸爸，在世界的另一个地方会不会有另一个我？"我一听这个问题汗毛都竖起来了，小小的年纪怎么问这样的问题。其实我在家里不谈哲学的，也不想让孩子过早去思考这些没有答案的问题。所以我当时说可能吧，说不定你还会遇到她。她马上非常生气地打断我说"不会的"，然后转过头就跟她妈妈说："妈妈，有一天当你老了（其实她是委婉地说当你死了的时候），在世界的另一个地方又会生成一个人来，那个人会跟你完全不一样，但她就是你。"我的汗毛又竖起来了。她说的是轮回，而这些问题我们是完全没有谈过的，完全是从她自己头脑冒出来的。

所以我们千万不要小看孩子，实际上孩子很早就会想到这类问题。当一个人的理性开始觉醒的时候，他会想这些大问题，这些世界的问题，这些人生的问题。年纪大了以后，我们反而不想了，不去思考这些问题了。

美国哲学家马修斯在美国当哲学教员，他写过专门关于儿童哲学的著作。他在教书的时候发现大学生们对于哲学问题很陌生，他讲的时候好像大家兴趣也不大。但他同时又是两个孩子的父亲，当时他两个孩子还小，会经常提一些哲学性质的问题。他就想到把孩子提的问题整理起来当教材该多好。所以最后他对他的学生说："哲学是什么？哲学就是一种你们小时候曾经喜欢过的，后来为了适应社会生活却把它放弃了的活动。我就要让你们恢复这种活动。"我觉得他讲的很有道理。

我觉得现在我们可以给哲学下个定义了。哲学开始于惊疑。惊奇是面对世界，疑惑是面对人生。根据这样一个哲学是怎么样产生的认识，我们可以给哲学下一个定义。我是这样下的定义：哲学是对整个世界和人生的根本问题的思考。它是让你去想这些大问题，想那些根本问题。其实这些问题是没有什么实用价值的，但是我觉得一个人想和不想这些问题，其生活格调是不一样的。

根据这个定义，我想讲一讲我对哲学特点的理解，我觉得哲学有三个特点。哲学是对整个世界和人生根本问题的思考，是整个世界和人生，它是面对整体的，是面对世界和人生的整体。我们平时每个人其实都不可能生活在整体里，而是生活在局部里。

我们过着自己的日子，有自己的人际关系，自己的家庭，自己的日常生活，自己的职业和事业。但这都是世界和人生的一个局部，我们都是生活在这个局部里的。哲学就是要我们从熟悉的局部里面跳出来，看看世界的全景，看看人生的全景，然后再回过头看看我们应该怎么样生活，去指导我们具体的生活。我觉得哲学有这样一种作用。

我自己觉得学了哲学以后，对我有个特别大的帮助，就是我好像有了一种"分身术"，能把自己分成两个我。一个我在这个世界上折腾，有时候快乐，有时候痛苦，有时候顺利，有时候遇到困难。但是还有一个我，就是那个理性的自我。其实很多哲学家都强调这一点，尼采也说过每个人身上都有一个更高的自我，也是一个理性的自我。这个自我站在身体的自我上面，非常关心地看着你，当你遇到痛苦时会把你叫到自己的身边来，给你劝解给你开导，给你讲讲世界是什么事情，全局是什么事情，你应该怎么做。如果这个关过不去，会告诉你算了，这是小事情，世界总体是这样一个情况，人生就是那么回事，你不要太在乎。你有了两个我以后，一方面你会更加积极，会知道从全局去看，会知道什么东西重要，什么东西不重要，你会抓住重要的事情；另一方面会让你更加超脱，不要太在乎。这是一个特点，即哲学关注的是人生的全体，站在全局看局部、指导局部，同时也超越局部，让人不要太在乎局部。

哲学的第二个特点是它想的是根本问题。哲学思考根本问题，思考那些大问题，以及有关世界和人生全局的问题，包括人生的意义到底是什么，也讨论生死、幸福、道德、信仰的问题。

经常有一种说法，说哲学就是方法论。我觉得这种说法其实没有把哲学最重要的东西说出来。经常有人说："周老师你是学哲学的，我遇到这样一个问题你帮我解决一下。"如果哲学是这样一种东西，在任何的小事情上都可以插上一嘴，那我觉得哲学太可悲了。哲学不是这个东西，一个人只要没有想大问题，他和哲学就没有关系。我是这样看的。但实际上，大问题是属于我们每个人的，每个人的生活里难道对人生的意义是不在乎的吗？不可能的。所以哲学会让你去想大问题，想根本问题。这是哲学的第二个特点。

第三个特点是哲学让人独立思考。其实所有哲学问题都不可能有标准答案，所以为什么孩子提的问题我们回答不了，并不是因为你的知识不够，因为它不是知识能够回答的。几乎所有用知识可以回答的问题都不是哲学问题，都变成了科学问题。古时候人们的知识比较少，所以很多问题凭当时的知识不能解决，但是后来知识增长了以后这些问题就能回答了。这些问题就应该从哲学清理出去，因为它们本不属于哲学。永远是那些解答不了的问题应该留在哲学里，它们是需要人独立思考的。有的人说那些问题如果是没有答案的话，你去想它们干什么，这不是自讨苦吃吗？我就回答说，其实问题已经在了，你已经受这些问题折磨了，已经痛苦了，你是因为痛苦才去思考的，并不是因为你思考之后再痛苦。这个因果关系颠倒了，并不是因为想这个问题使人痛苦。如果这些问题没有找上你，你生活得好好的，我觉得你不用想，不用去找哲学，没有哲学你也可以生活。但是有这样问题的人就必须有哲学，要去想这些问题，不要回避，因为问题总是在那里，你不去回答它，不去思考它，它仍然存在，成为一种隐痛始终解决不了。

其实我这个人就是这样的。虽然我当年考哲学系时对哲学是很无知的，不知道哲学是什么，凭毛主席的一句话就考了哲学。但后来我发现走哲学这条路是走对了，因为我从小就是一个比较想不开的人，有很多的忧愁，很多的苦恼，而且爱想这些大问题，比如死亡的问题。后来我发现很小的孩子都会想这个问题。我刚才说我女儿不想长大，因为她想到死亡的问题了。现在我儿子也是这样的。我儿子现在 12 岁，在他六七岁的时候，他经常说他不想死，死了怎么办呀，说的时候还眼泪汪汪的。在有些特别快乐的时候，他会突然说这种时候他尤其会想到死，死了以后这一切都没有了。后来我就想开导他说："宝贝你想一想，其实你还是挺幸运的。有很多灵魂都想投胎到这个世界上，但是很多都是没有机会的，你有这个机会到这个世界上活一次，你比他们要好多了。"他说不来还好一点，就不用想这么痛苦的问题了。其实我没法说服他，也没法说服我自己，实际上人要真正想明白生死的问题，坦然接受死亡，我觉得是不容易的。但是你不要回避它，回避它它还在那里。其实我觉得一个人想了这些问题以后，特别大的好处是你真正看到了人生的全景，看到了人生的边界。你对你过程中的一些遭遇，就不会太在乎了。都是过程，都会过去的。

古罗马皇帝马克·奥勒留说，人要经常用必有一死的眼光来看事物。比如，你经商破产或谈恋爱失恋了，痛苦得要死要活。这时，你就想一想在你之前多少人为这样的事情痛苦过，他们现在到哪里去了——都不在了。再如，你和一个人吵架吵得你死我活，恨不得马上把他杀死。这个时候你想一想 100 年以后你们两个人会在哪里，没准儿这么一想气就消了，吵不下去了。相反，如果一个人永远用这样的眼光看事物，那就别活了，什么事情也别做了。但是我想一个人应该为自己保留这样的眼光。一个人要有两手，一是进取积极的一面。人生是有限的，那我就要实现这有限人生的价值，要努力把我的价值实现出来，要过得有意义。所以我觉得人要有这个积极的态度。另一方面，人生是有限的，一切都会过去，所以你不要太在乎。有了这两面，我觉得一个人会既活得积极又比较超脱。这种状态我觉得是最好的，是很多哲学家都会谈到的，尤其是古罗马的哲学家们。马克·奥勒留、塞内卡有很多这样的谈论，后来的哲学家也是这样。所以，我想学哲学可以让我们在执着和超脱之间找到一个合适的中间地带，让人生活得不那么纠结。

文学经典与昆曲雅化

郑培凯 *

（一）

我们经常听人家讲昆曲，赞誉昆曲是百戏之母，是百戏之祖。但我首先要告诉大家，昆曲不是百戏之母，也不是百戏之祖。它是中国戏曲传统在近千年的发展中，表现得最优美、最经典化、最能够成为楷模，作为其他各种地方戏种学习的模范，所以我称之为"百戏之模"，是各种地方戏曲（包括京剧）的模范。从历史发展的脉络来看，模范是完美的典范，不是一切的最早源头。

---

* 著名文化学者、香港非物质文化遗产咨询委员会主席、耶鲁大学历史学博士。毕业于台湾大学外文系，后获耶鲁大学历史学博士学位，曾任教于纽约州立大学、耶鲁大学、佩斯大学、台湾大学、台湾清华大学，1998 年在香港城市大学创办中国文化中心，2016 年荣获香港政府荣誉勋章。其主要研究领域为中国文化艺术史，涉及艺术思维、艺术创作、艺术欣赏、评论与文化思维的关系和文化美学等。著有《汤显祖与晚明文化》《汤显祖：戏梦人生与文化求索》《游于艺：跨文化美食》《茶道的开始：茶经》《茶余酒后金梅瓶》《雅言与俗语》等。

文化艺术的历史定位十分重要，因为定位之后，我们才知道文化艺术在历史进程中的意义，才知道它对文化有什么贡献，才能够立足其上而创新。从戏曲来讲，我们要知道戏曲作为艺术，它在文明进程当中到底有什么历史地位，到底如何推动了文明。人类文明说到底都是人创造的，不是原来就有的，不是古圣先贤预先赐予的。1万年以前，新石器时代开始以前，哪里有什么文明累积？人类祖先为了生存打猎、采集果实，连农业都没有，却也发挥了聪明智慧，肇始了文明。这1万年的发展很不容易也很不简单。我们祖先的生活环境十分艰难，却能一步一步从蛮荒创造出文明，还逐渐发展了社会结构、哲学思想、文化娱乐及文学戏曲。文明积淀就是这么一步一步来的。怎么定位戏曲在文明发展中的地位，其实是很重要的。戏曲演出是传统社会群众文娱的展现，其重要性在于它是文化流动的场域，是精英阶层跟大众沟通的环节，是联系统治阶级与普罗大众的文化渠道。精英文化许多是通过戏曲舞台演出传递给大众，而群众的喜好也通过戏剧的流传反馈给上层精英。

那么，我们怎么定位昆曲呢？我说昆曲是最优雅的中国传统戏曲，是什么意思呢？最优雅又怎么样？其意义在哪里？跟文明的关系是什么？这些都是今天我想跟大家分享的。

我再次强调，昆曲不是百戏之母。第一，大家要知道什么叫"百戏"。百戏就是古代的文娱表演，从战国以来百戏包括的内容及其发展其实就很明显。到今天为止，我们看到所有戏曲都有一些百戏的痕迹：翻跟头、所有武打的东西、所有的杂耍。这些在汉朝的时候就是表演娱乐的主要内容。我们从汉代画像石、画像砖以及壁画，可以清楚看到各种各样的百戏，如跳丸、顶竿、吞刀、吐火、鱼龙漫衍、东海黄公，还有各种各样的舞蹈，如长袖舞、建鼓舞，都是经常表演的节目。考古发掘让我们看到许多汉朝的壁画和陶塑的演艺人物。这些文献记载与考古文物清楚展示了什么是汉朝的百戏。昆曲的发展期是 16 世纪以后，它怎么变成汉朝就有的百戏之母了？所以，百戏之母这个名称颠倒了历史，是错的。

百戏怎么发展成后来具有规模的戏剧或者戏曲呢？这牵涉到中国戏剧起源的问题，涉及演艺发展的途径。我们知道中国戏曲一开始就有唱，这个一点也不奇怪，因为咏唱与舞蹈是人类娱乐的本能，早在文明肇始就已出现。假如从百戏作为娱乐的角度来讲，既有杂耍，又有唱歌，又有一点戏剧调笑的花样，这是民间戏剧起源的明显现象。也有学者指出，戏剧与祭祀仪典有关，在远古的商周时候，已经有一些祭祀的仪式展现了舞蹈，可说是戏剧的雏形。不过，祭祀舞蹈要表现隆重的祭祀典仪，是非常严肃的信仰表现，它跟百姓的日常经历所提炼出来的戏剧状况是不一样的，这也是中国祭神仪典的歌舞，不曾发展出希腊式戏剧的主要原因。

中国的原始社会结构与信仰不同于古希腊，中国天神跟希腊的神很不一样，祭神的仪式也有很大区别。中国从古以来的天神上帝，是一个比较模糊的概念。人们知道有天，有上帝，这个天或上帝却是面目模糊、莫测高深的。人们比较清楚的是我们的祖宗神。每一个血缘宗族都有祖宗，人们相信祖宗过世以后都会上天，围绕在上帝旁边，在"天"旁边，会对人世发生影响。至于这个天是什么，大家从来没有讲清楚过。天有威力影响我们人世，所以祖宗神灵也能左右血缘宗族的命运。中国为什么有祖宗崇拜？西人传教的时候说，中国人相信祖宗崇拜，跟信仰上帝很不一样，是异端信仰。二者的确是不一样，是不是异端，则是另外的问题。人们以自己的习俗与信仰为正统，以别人的信仰为异端，是产生文明冲突的原因之一。文明发展在不同地域，信仰出现的取向不同，无所谓高低。都是古人信仰的发展，不能以自己的好恶，随便贴上"正确""错误"的标签，硬说信耶和华就是"正信"，信祖宗崇拜就是野蛮的迷信。

中国上古的祭典，有仪式有舞蹈，主要是通灵敬神的崇拜过程，联系上苍神灵，祈求神灵的护佑，跟我们后来讲的有故事、有人物、有情节发展的戏剧，是不太相同的。在祭神的仪式中，古代巫师会跳起特殊的舞步，配合香烟缭绕的场景，以及摄人心灵的音乐，进入恍兮惚兮的神界。商朝虔信鬼神，商王本身也管祭祀，是当时的大巫师，而甲骨文就是祭祀占卜的工具，祭仪进行时巫师都会表演特殊的舞蹈。甲骨文"舞"这个字演化到篆字，都还呈现一个巫师跳着巫步的样子，可以显示"舞"的起源，祭祀性高于娱乐性，或说娱神重于娱人。南方楚地信巫，延续的时间比较长，可以从《楚辞》描述的迎神祭祀看出。这跟我们后来概念里有人物、有故事、有情节发展，铺述人世处境与悲欢离合的系统完整的戏剧具有不同性质。与古希腊戏剧相比，系统完整的戏剧在中国出现得比较晚。

古希腊悲剧出现得非常早，跟古希腊对于神的认识与信仰方式有关。古希腊的神跟世间俗人一样，有七情六欲，有各种各样的喜怒哀乐，有各种各样的愤怒、喜爱、嫉妒，形形色色，什么花样都有，还有些神跟恶霸一样，时常欺负世间的凡人，想方设法整人，以玩弄凡人命运为乐。凡人经常面临超乎自己可以掌控的人生处境，奥林匹斯山上的诸神像玩游戏一样决定你的命运。凡人怎么办呢？凡人无法改变命运，却有自己的追求，有时还认识到神祇的恶毒与阴险。古希腊人怎么生存，并肯定自我生存的意义呢？有的时候就找天神甲作靠山，以避免天神乙的整蛊与迫害，像奥德修斯就靠着阿西娜逃避海神波塞冬的追杀，最后回到家乡。没有靠山的凡人，只好跟自己的命运进行搏斗，古希腊悲剧就经常展现这样的人生处境。古希腊的戏剧很早成形，跟他们相信的神人关系与人类命运是相关的，在迎神祭典中的戏剧活动，就有了系统的发展。中国古代的迎神祭典，没有这类展现命运受到操弄的戏剧表演，因为我们的神不是神秘莫测的"天"，而是我们的祖宗，只要好好祭奠血食，他们是不会害我们，更不会设计玩弄我们的命运。

希腊悲剧的俄狄浦斯故事，讲的是天神设计好要主角杀父娶母，尽管他的父母已经知道预言，想尽办法避免，费尽心机不让逆伦的惨剧发生，最后仍敌不过可怕的命运安排，预言的事一一应验。从小就被抛弃、完全不知身世的俄狄浦斯，因缘际会做了国王，并且调查老王的死因。他最后知道了自己可怕的命运，但为时已晚，已无法改变自己的命运。但是他亲手挖出了自己的两只眼睛，血淋淋的，非常恐怖，极端震撼。希腊悲剧有很多这样的故事：人跟命运抗争，跟天神的安排斗争，却终归失败。就好像《老子》说的，"天地不仁，以万物为刍狗"，人没有办法扭转命运的。但是，希腊悲剧反映了人的自由意志，人可以给自己一个选择，不屈服于命运的安排，让自己决定如何接受命运。把双眼挖出来，不看这恐怖的世界，是悲愤的抗议，也是命运无法左右的个人意志。这个选择与决定，就是人类的自由，是迎神赛会上展示给神看的人间情况，是与命运的残酷对话。加缪探讨西西弗斯的神话的意义，指出西西弗斯注定永远要把从山上滚下来的石头推回去，推回去之后石头又滚下来，他又推回去，这是天神安排给他的命运。加缪说，推上去这段是西西弗斯的决定，是人类自我意志的展现，不因命运如此就不推了，就放弃自己了。推石头上山，永不言弃，就让西西弗斯为自己的命运重新找到了意义：人是有自我意志的。像这种情况的人神冲突，是古希腊思想信念的核心。这在古代中国是不会在迎神祭典中出现的，因为我们的神接受我们的祭祀，会降福人间，何况我们的祖宗神会特别照顾自己宗族血胤的。

与希腊悲剧相比，中国系统完整的戏剧以人间性为主，与宗教献祀的迎神祭赛的关系比较小。人世间的悲欢离合，生离死别的处境，自唐宋以来，逐渐就以戏剧表演的方式展现出来。人间戏剧的发展期最主要是从唐朝到宋朝这段时间，情节完整的故事开始出现，有宣扬佛教的变文故事，有人间际遇的传奇。唐朝也有一些戏剧的雏形，如任二北研究的《唐戏弄》展现了唐代戏剧相当简陋的表演形式，不管是钵头戏、参军戏，还是傀儡戏，大多数都像我们今天东北二人转的小戏，只有两三个人表演，以模仿调笑为主。真正完整成形的戏剧在中国出现得比较晚，但这并不表示中国文明发展得晚，而是这个文明的形态与古希腊不同。首尾俱全的中国戏剧，出现在宋金时期，当时北方有杂剧，南方有戏文。北方的戏先以开封为主，因为开封在宋朝是首都，人口密集，到了元代就以北京为中心了。南戏的发展很有意思，是从温州开始的。这牵涉北宋被金灭了以后金朝继续北方的文化演艺，而流亡到南方的北方贵族及文化人带来了原来在中原蓬勃的文化活动。南方本来有一些地方曲唱与文娱传统，所以在温州一带出现了南戏文。北杂剧跟南戏文是中国戏曲早期发展最主要的两支脉络。

南戏跟北杂剧最大的差别是结构不同，表演角色的组成方式不同。北杂剧一般来讲是四折，故事情节从头到尾就是四折，由一个主角来唱。这四折虽然分成四段，却是可以一次演完的，比如一个下午或一个晚上可以演完。南戏不是这样，它可以非常长，甚至有几十折的。比如，后来继承南戏传统的明朝传奇《牡丹亭》有 55 折。所以我说，北杂剧像电影，一次看完，南戏文像电视连续剧，一段一段地看。北杂剧演出时由一个主角主唱，生的戏就是生从头唱到尾，旦的戏——女主角的戏就是旦角从头唱到尾，其他的角色陪衬一下，讲一些话，有道白，或者偶尔插一个小段，叫作楔子，就是插进去的一段，可以由另外的角色唱一段，有所转折。所以北杂剧跟南戏的艺术形式很不一样。

到了明朝以后，北戏慢慢衰落。元朝已经覆灭，所以杂剧虽然还是明代中期之前的正式演剧方式，却逐渐被南戏取代了。一直到明代中期，大多数知识精英，像祝允明、徐渭，都还看不起南戏，因为他们觉得南戏鄙俗，北杂剧才是正宗的院本，是士大夫宴饮场合的演艺剧目。可是明中叶之后，江南社会经济繁荣，南戏风行，成了一般人文娱喜好的趋势，到了嘉靖万历年间就基本取代了北戏。

南戏发展到元明期间，从温州扩散，往北传到整个浙江，传到杭州，然后到浙东，到海盐。往西传到江西，从江西弋阳一带传遍长江流域，一直传到南京，再沿着长江上溯西传。往南传到福建地区，莆田、仙游、泉州、潮州都受影响。所以我们知道，福建到现在还保留了古老南戏的传统，如泉州的梨园戏和潮州戏都很有古风。当昆曲在明末清初风行全国，影响各地地方剧种的时候，福建、广东这些地方因为偏僻而闭塞，南戏的老传统得以流传到今天，到了 21 世纪还可以重新发掘出来。

（二）

　　昆曲是南戏的一个支脉，是从南戏发展出来的。我前面讲了，昆曲不是百戏之母，也不是百戏之祖。昆曲的重要性，不在于它是中国戏曲的源头，而在于它是中国戏曲发展的巅峰，成了演艺艺术的典范，是百戏之模。南戏在明代中期发展到了苏州昆山这一带，就有大音乐家魏良辅潜心研究南北曲，创出昆曲水磨调，或称昆腔水磨调。昆腔水磨调为什么重要？因为它是精心雅化的音乐艺术，不再是乡俗随意讴唱的曲调，同时又结合了文辞优美的剧本，从而登上大雅之堂。魏良辅是个大音乐家，他同一群音乐同行花了十年时间融合北曲跟南曲，打磨出优雅动听的昆山水磨调。明代中叶之后，文化艺术的重心在江南一带，特别是南京、杭州与苏州，而以苏州为文学艺术的中心。魏良辅最大的贡献是提升了戏曲音乐的境界，把以南曲为基础的昆山腔与北曲院本及南戏唱腔结合，发展出士大夫文人喜欢的舒缓悠扬的水磨调。有了优美唱腔的昆曲水磨调，文人撰写传奇剧本就有所依凭而发挥，能够写出诗情画意的美妙曲文，发展出曲折婉转又感人肺腑的剧本。才华洋溢的昆山文人梁辰鱼，就以魏良辅创制的水磨调为基础，撰写了西施故事《浣纱记》，成为最早以昆腔水磨调演唱的戏曲模式，让昆腔水磨调变成风行全国的重要舞台展演模式。

梁辰鱼之后，很多作家的剧本都以昆腔水磨调的表演方式登上舞台。不世出的天才汤显祖在万历中期以南戏格式写了《临川四梦》，很快就以昆腔水磨调的模式广泛演出，成为昆曲最受人们赞赏的杰作。可以说，明代万历年间之后，昆腔水磨调就成了中国戏曲舞台表演的典范。最受人们推崇的经典剧作，像《浣纱记》《牡丹亭》《长生殿》《桃花扇》等戏，就以昆腔水磨调的演出方式，一直流传至今。从南戏四处流传的民间演艺到昆曲出现并独占中国戏曲的鳌头，有三个重大因素把昆曲塑造成中国戏曲舞台的经典，历久不衰。第一是剧本的文学经典性；第二是昆腔水磨调音乐优美的高雅性；第三是昆曲舞台表演的艺术性。其中的一大关键是昆曲音乐性的精致婉转。它不但融合了南北曲最优秀的因素，提升了唱腔的抒情特性，优雅舒缓又能激越昂扬，还配合了文学精英品味的境界，发展出典雅优美的戏曲演艺，使其作为经典而流传。这三者的结合，展示了戏曲演艺的发展是从粗疏的民间舞台上升到雅化殿堂的演化过程。

南戏的流传与发展，在明朝中叶已经有不少记载，虽然带有鄙视的态度，但记录各地唱腔的情况，还是可以让我们摸清一些脉络。20世纪的戏曲学家提出所谓"明代四大声腔"的说法，还将其写进教科书里，但我认为这不太恰当，因其扭曲了相关文献记载南戏声腔的实际情况。

记载南戏声腔发展比较早的资料，见于苏州太仓人陆容

（1436—1496）《菽园杂记》卷十："嘉兴之海盐，绍兴之余姚，宁波之慈溪，台州之黄岩，温州之永嘉，皆有习为倡优者，名曰'戏文弟子'，虽良家子不耻为之。其扮演传奇，无一事无妇人，无一事不哭，令人闻之，易生凄惨。此盖南宋亡国之音也。"陆容批评南戏总是搬演男女离合之情，哭哭啼啼，是"亡国之音"，但也清楚指出，南戏在浙江地区的发展，各地有各地的声腔，嘉兴流行海盐腔，绍兴流行余姚腔，宁波流行慈溪腔，台州流行黄岩腔，温州流行永嘉腔，不一而足。就他作为苏州人来看，光是浙江地区的南戏就有种种腔调流传，何止"四大声腔"？

到了嘉靖年间，苏州长洲人祝允明（1461—1527）《猥谈》说："数十年来，所谓南戏盛行，更为无端，于是声乐大乱……愚人蠢工徇意更变，妄名余姚腔、海盐腔、弋阳腔、昆山腔之类，变易喉舌，趁逐抑扬，杜撰百端，真胡说也。若以被之管弦，必至失笑。"这也是以士大夫熟悉的北曲院本为标准，站在雅乐的立场来批评南戏的低俗变化。从陆容所说的成化年间到弘治、正德年间这几十年，南戏更为盛行，流传更广，各地伶人随意变动声腔，"妄名余姚腔、海盐腔、弋阳腔、昆山腔之类，变易喉舌，趁逐抑扬，杜撰百端，真胡说也"。祝允明标出了四种声腔，却是举例作为其詈骂的对象，不是赞许所谓的四大声腔。

又过了半个世纪，浙江绍兴人徐渭（1521—1593）写《南词叙录》（1559），把当时流行的林林总总南戏声腔，做了一个笼统的归类："今唱家称'弋阳腔'，则出于江西，两京、湖南、闽、广用之；称'余姚腔'者，出于会稽，常、润、池、太、扬、徐用之；称'海盐腔'者，嘉、湖、温、台用之。惟'昆山腔'止行于吴中，流丽悠远，出乎三腔之上，听之最足荡人。"徐渭所说的南戏流传情况，已经风行四方，影响了长江以南的半壁江山。他不管腔调流传的具体时代演变，也不管各地腔调是否保有各地特色，只是笼统归成三类，弋阳腔、余姚腔、海盐腔，然后标举昆山腔为雅调，视其有别于上述三种地方腔调。徐渭笼统归类的论调，并不能反映嘉靖年间南戏发展的具体情况，但肯定了魏良辅昆腔水磨调的贡献，认为其开启了超越其他南戏诸腔的雅调。

魏良辅（1489—1566）著《南词引正》，书中说道："腔有数样，纷纭不类，各方风气所限。有昆山、海盐、余姚、杭州、弋阳。自徽州、江西、福建，俱作弋阳腔。永乐间，云、贵二省皆作之，会唱者颇入耳。惟昆曲为正声，乃唐玄宗时黄旛绰所传。"钱南扬为《南词引正》作校注，特别指出各地腔调流传有其历史变化，不是固定不变的。魏良辅在此标出五种声腔，其中有"杭州腔"，这却是现代学者完全不清楚的情况。由此亦可得知，当时声腔甚多，而且因时空变动而有所演变，"纷纭不类"。因此，所谓"明代四大声腔"之说，并不能反映南戏流传的真实情况，其说不甚妥当。魏良辅声称的昆山腔为正声，是黄旛绰所创，则是"拉虎皮做大旗"之举，拉了唐明皇梨园乐师黄旛绰作为昆曲开山祖，自抬身价。他姑妄言之，我们姑妄听之也就算了。倒是钱南扬在校注中指出，魏良辅知道南戏在元代就流传到苏州一带，结合当地土腔有所发展，而在昆腔水磨调出现之前，在苏州影响最大的应该就是舒缓流丽的海盐腔。

自明嘉靖年间以来，南戏又经过一个世纪的发展与演化，明末度曲大家苏州吴江人沈宠绥（？—1645）在《度曲须知》中回顾："世换声移，作者渐寡，歌者寥寥，风声所变，北化为南。曲山词海，于今为烈。而词既南，凡腔调与字面俱南，字则宗《洪武》而兼《中州》，腔则有'海盐''义乌''弋阳''青阳''四平''乐平''太平'之殊派。虽口法不等，而北气总已消亡矣。"他叙述南曲发展，一口气提到七种声腔，再加上他最熟悉的昆山腔，难道是认为明代有八大声腔？可见，明代曲家讨论声腔，只是就近举例，无意标举"四大""五大"或"八大"的概念。

沈宠绥讲北曲到南曲的变化，主要指出：南方各地口音与腔调不同，剧本唱词在咬字吐音上就会受到影响。汉字剧本的曲辞是固定的，不像拼音文字因发音不同而发生异变，故必须有所遵循，以中州韵为本的《洪武正韵》作为标准。总而言之，到了明末，各地声腔纷起，而过去以北曲为正宗的情况已经消失。

在昆腔水磨调兴起之前，最受士大夫钟爱的南戏声腔是海盐腔。与魏良辅同时代的杨慎（1488—1559）在《丹铅总录》卷十四说："近日多尚海盐南曲，士大夫禀心房之精，从婉娈之习俗，风靡如一，甚至北土亦移而耽之。"这在《金瓶梅词话》对戏曲演唱的描述中也得以印证，即唱曲演戏的多为海盐子弟，唱海盐腔。这种海盐腔盛行到万历年间的情况，连清朝人都很清楚。清人张牧《笠泽随笔》说："万历以前，士大夫宴集，多用海盐戏文娱宾客。若用弋阳、余姚，则为不敬。"

昆腔水磨调在万历年间开始流行的时候，海盐腔仍然风行，而且在不同地区发挥了重要的影响。例如，汤显祖生长的江西抚州地区，就因为海盐腔的传入，发展出有地方特色的宜黄腔。汤显祖写过《宜黄县戏神清源师庙记》，分析南戏发展的脉络，同时指出浙江的海盐腔影响抚州地区戏曲演唱的情况："此道有南北，南则昆山，之次为海盐。吴、浙音也。其体局静好，以拍为之节。江以西弋阳，其节以鼓，其调喧。至嘉靖而弋阳之调绝，变为乐平，为徽青阳。我宜黄谭大司马纶闻而恶之。自喜得治兵于浙，以浙人归教其乡子弟，能为海盐声。大司马死二十余年矣，食其技者殆千余人。……诸生旦其勉之，无令大司马为长叹于夜台，曰，奈何我死而道绝也。"汤显祖为宜黄戏神清源师写的庙记是篇正式的文章，一开头说戏有南北，北曲既已衰落，在南方最重要的要数昆山腔与海盐腔，昆山是吴音、苏州音，海盐是浙音、浙江音，是有地方差异的。举昆山腔和海盐腔为南戏发展的代表，是因为它们"体局静好"，以拍为节，吹笛拍曲，是雅调。而弋阳腔那类的俗调，"其节以鼓，其调喧"，大锣大鼓的，十分吵闹，难登大雅之堂。他说的"嘉靖而弋阳调之绝"，不是说弋阳系统的腔调断绝，而是转型变化了，在不同地区转化成了地方腔调，如乐平腔、青阳腔之类。汤显祖点出的现象很重要，说明了弋阳腔影响全国，已转化成各地的地方戏，俗调风行；海盐腔与昆腔也影响全国，则是流行于士大夫阶层，是雅调。

汤显祖指出，海盐腔传入江西宜黄，源自宜黄的谭纶当年到浙江带兵打倭寇时军中娱乐唱戏是浙江海盐腔。谭纶退休还乡，感到地方土调难听，遂安排浙江人来宜黄教海盐腔，因此海盐雅调风行抚州。谭纶虽然已经过世，但是海盐雅调成了千余宜黄子弟的职业，养了上百个戏班。他鼓励宜黄了弟要继承谭纶开创的基业，弘扬宜黄的戏曲。这篇庙记还透露出一个重要信息，就是汤显祖虽然熟悉昆曲，他同时珍惜家乡流行的"海盐—宜黄腔"。既然二者同属雅调，势必对他撰写戏曲剧本产生一定影响，不必斤斤恪守昆腔曲律。

（三）

说到昆曲的文学经典性，首先要提到梁辰鱼的贡献。梁辰鱼是昆山人，他写《浣纱记》配合魏良辅的水磨调音律，把西施故事搬上了舞台，以高雅的文学剧本结合音乐雅韵，奠定了昆曲水磨调在舞台演出的地位。现在大多数人不太知道梁辰鱼，可是在汤显祖眼里，梁辰鱼是了不起的剧作家，《浣纱记》的曲辞写得非常出色。姚士粦《见只编》记载："汤海若先生妙于音律，酷嗜元人院本。自言箧中收藏，多世不常有，已至千种……及评近来作家，第称梁辰鱼《浣纱记》佳，而剧中【普天乐】尤为可歌可咏。"当时的文学名家都与梁辰鱼交往唱和，熟悉他的著作，特别赞赏他为昆腔水磨调编写的《浣纱记》。嘉靖七子的领军人物李攀龙和王世贞与梁辰鱼是文字交，十分欣赏他豪爽的性格，并且看重他的诗文。李攀龙在《报元美》中告诉王世贞："梁伯龙口吻，不独五色，兼有热肠。"王世贞在读了梁辰鱼长诗之后，也题写《赠梁伯龙长歌后》："往年伯龙登泰山，以长歌千三百言见示，余戏作此歌答之。"当时流传的李卓吾戏曲评点《李卓吾评传奇五种》，给予《浣纱记》很高的评价："《浣纱》尚矣！匪独工而已也，且入自然之境，断称作手无疑。"此书署名李卓吾，但不一定是李贽本人所写，疑或为叶昼伪托出版，不过总是反映了李贽的欣赏态度。此书在当时大为流行，也显示文坛与社会的接受情况。屠隆写给冯梦祯的《与冯开之书》说："伯龙故翩翩豪士，今老矣，诚然烈士暮年，壮心不已。"说到梁辰鱼晚境落魄凄凉，他不胜感慨，当然是想到过去诗酒风流、豪气干云的日子。潘之恒是晚明戏曲评论大家，在《鸾啸小品》中评价昆曲雅化的过程，特别称赞了魏良辅与梁辰鱼："吴歈元自备宫商，按拍惟宗魏与梁。俚俗不随群雅集，凭谁分署总持场。"

万历年间昆山人张大复的《梅花草堂笔谈》卷十二有"昆腔"一节，指出昆腔的发展结合了许多音乐人的共同努力，特别揄扬魏良辅与梁辰鱼的合作将昆曲发展成戏曲舞台令人瞩目的新猷：

> 魏良辅，别号尚泉，居太仓之南关，能谐声律，转音若丝。张小泉、季敬坡、戴梅川、包郎郎之属，争师事之惟肖。而良辅自谓勿如户侯过云适，每有得必往咨焉。过称善乃行，不即反复数交勿厌。时吾乡有陆九畴者，亦善转音，顾与良辅角，既登坛，即愿出良辅下。梁伯龙闻，起而效之，考订元剧，自翻新调，作《江东白苎》《浣纱》诸曲。又与郑思笠精研音理，唐小虞、陈梅泉五七辈杂转之，金石铿然。谱传藩邸戚畹、金紫熠炜之家，而取声必宗伯龙氏，谓之昆腔。

近代戏曲学者吴梅在《顾曲麈谈》中也指出梁辰鱼与魏良辅合作的重要："南曲自梁、魏创立水磨调（俗名昆腔）后，其做法大有变革。”他还综合前人的评论说：“梁伯龙辰鱼，昆山人。太学生。以《浣纱记吴越春秋》一剧，独享盛名。其时太仓魏良辅，以老教师居吴中，伯龙就之商定音律，词成即为之制谱。吴梅村诗所谓‘里人度曲魏良辅，高士填词梁伯龙’者是也……王元美诗云：‘吴闾白面冶游儿，争唱梁郎绝妙词。’则当时之倾倒伯龙可知。”

假如魏良辅的南曲改革是音乐的艺术化，梁辰鱼的改革是什么？最大的改革就是以“转音”艺术化的昆腔为基础雅化了戏曲剧本，使得戏曲出现文学性的经典文本。我们回顾一下戏曲剧本的发展就会发现，元杂剧和早期的南戏剧本，其文辞比较朴实，比较本色，通过雅俗共赏的剧情感动观众。早期南戏剧本并不刻意追求文辞的典雅，注意的是舞台演出的及时性与通俗性，曲文同唱腔都相对质朴，少有精心经营的痕迹。元末明初高明的《琵琶记》改写原来流行的剧本，特别是“五娘吃糠”一折，有惨淡经营之处，但是全剧的意旨并无雅化的迹象。海盐腔和昆腔水磨调的出现与流行，与晚明社会富裕、人们对生活美学精致化有所追求有关，这在撰写剧本方面也得到反映，最显著的就是文辞非常细腻优美，以闲适雅致为追求的目标。从元末明初到晚明剧本风格的变化，对比民间流传的四大南戏剧本，《荆》《刘》《拜》《杀》与《浣纱记》及《牡丹亭》，就有明显的巨大差距，且不去说它。且举明代前期公认文辞优胜的高明《琵琶记》为例，对照梁辰鱼的《浣纱记》，就可以看出前者的质朴本色与后者的典雅优美，是不同的艺术展现。

《元本琵琶记》第一出，末角上台开场向观众报告全剧旨趣时是这么说的：

【水调歌头】秋灯明翠幔，夜案览芸编。今来古往，其间故事几多般。少甚佳人才子，也有神仙幽怪，琐碎不堪观。正是：不关风化体，纵好也徒然。论传奇，乐人易，动人难。知音君子，这般另做眼儿看。休论插科打诨，也不寻宫数调，只看子孝与妻贤。骅骝方独步，万马敢争先？

《琵琶记》除开场白道德教训意味强烈之外，遣词用字也相对通俗，是对着观众说的，不太思考个人创作的文学艺术追求，与《浣纱记》第一出开头的旨趣十分不同。梁辰鱼《浣纱记》开头也是末角登场，唱词却是剧作者吟风弄月，感喟世事沧桑，表现写作剧本的意图是借历史人物的遭遇发抒胸中块垒：

【红林擒近】〔末上〕佳客难重遇。胜游不再逢。夜月映台馆。春风叩帘栊。何眼谈名说利。漫自倚翠偎红。请看换羽移宫。兴废酒杯中。骥足悲伏枥。鸿翼困樊笼。试寻往古。伤心全寄词锋。问何人作此。平生慷慨。负薪吴市梁伯龙。

这段开场白凝聚了梁辰鱼的人生经历，有着明确的文学创作意图。老骥伏枥是说自己功名蹉跎，"鸿翼困樊笼。试寻往古。伤心全寄词锋"，是把个人的感慨写进戏曲里面，"问何人作此。平生慷慨。负薪吴市梁伯龙"，指明了"我"是剧本的作者，是"我"的创作，个人意识极为强烈。可以看到，高明写《琵琶记》，是把作者隐藏在戏剧表演的社会性后面，说一套人伦道德的教化言论，而梁辰鱼写《浣纱记》则公开宣称是个人的创作，以典雅优美的文辞表现自己的文学艺术才能。

《琵琶记》最为人称颂的文辞，是第二十出的"五娘吃糠"：

【山坡羊】〔旦上〕乱荒荒不丰稔的年岁，远迢迢不回来的夫婿。急煎煎不耐烦的二亲，软怯怯不济事的孤身己。衣尽典，寸丝不挂体。几番拼死了奴身己，争奈没主公婆教谁看取？〔合〕思之，虚飘飘命怎期？难捱，实丕丕灾共危。

【前腔】滴溜溜难穷尽的珠泪，乱纷纷难宽解的愁绪。骨崖崖难扶持的病身，战兢兢难捱过的时和岁。这糠呵，我待不吃你，教奴怎忍饥？我待吃呵，怎吃得？思量起来，不如奴先死，图得不知他亲死时。

【孝顺歌】呕得我肝肠痛，珠泪垂，喉咙尚兀自牢嗄住。糠！你遭砻被舂杵，筛你簸扬你，吃尽控持。好似奴家身狼狈，千辛万苦皆经历。苦人吃着苦味，两苦相逢，可知道欲吞不去。

【前腔】糠和米，本是相依倚，被簸扬作两处飞？一贱与一贵，好似奴家与夫婿，终无见期。丈夫，你便是米么，米在他方没寻处。奴家便是糠么，怎的把糠救得人饥馁？好似儿夫出去，怎的教奴，供给得公婆甘旨？（钱南扬校注《元本琵琶记》）

尤其是最后一段唱词中以簸扬糠米的意象，反映夫妻分离、夫贵妻贱的惨况，动人心弦。朱彝尊《静志居诗话》说："闻则诚填词，夜案烧双烛，填至《吃糠》一出，句云'糠和米本一处飞'，双烛花交为一，洵异事也。"朱彝尊与高则诚相距整个明朝，隔了近三个世纪，也不知他是从哪里听来的传说，不过，意思是说，文辞写得真好，感天地动鬼神。

《琵琶记》写得最好的部分是"五娘吃糠"，的确感人，用词的方式也很有意思，很有民间说唱的意味，如乱荒荒、远迢迢、软怯怯。这种用词方式，今天苏州评弹也经常使用这种叠字来加强听众的感受。滴溜溜、乱纷纷、骨崖崖、战兢兢，一路下来营造凄凉孤苦的气氛。五娘诉说自己的遭遇跟糠一样，"好似奴家身狼狈，千辛万苦皆经历。苦人吃着苦味，两苦相逢，可知道欲吞不去"。这是穷苦人熟悉的灾荒经历，辗转于沟壑的苦难经常降临，这样直截了当的哭诉，最直白也最让人感同身受。这样的文辞虽然感人至深，却与文人雅士追求的细致优雅不同，与晚明讲求心灵风雅的意趣和境界大相径庭。晚明文人编写传奇剧本，以写诗填词作为创作手法，反映写作态度是呈现个人化的文学作品。剧本成为文学艺术，雅化成为艺术形式的内在追求，其发展就不会只停留在早期南戏的通俗文辞，也不会以四大南戏与《琵琶记》为艺术创作的终极模本。这种雅化的审美态度，可能出现流芳千古的经典杰作，也可能出现矫揉造作的文字，甚或无病呻吟的诗篇。剧本文学化，虽然不是戏曲表演的唯一标准，却是南戏剧本演化的历史进程。南戏发展经历了很长的历史阶段，从野台社戏进入华夏庭院，再演化到昆曲水磨调载歌载舞在氍毹之上，才出现了梁辰鱼、汤显祖、洪昇、孔尚任等人的经典剧本，成为戏曲表演所本的楷模。

梁辰鱼《浣纱记》第二折写村女西施出场，开口唱的是：

【遶池游】苎萝山下。村舍多潇洒。问莺花肯嫌孤寡。
一段娇羞。春风无那。趁晴明溪边浣纱。

文绉绉的，雅是雅，但像村姑唱出来的词句吗？这还不算，接着
是西施的道白，也就应该是她平常说话的口气：

溪路沿流向若耶，春风处处放桃花。山深路僻无人问，
谁道村西是妾家。奴家姓施，名夷光。祖居苎萝西村，因此
唤作西施。居既荒僻，家又寒微。貌虽美而莫知，年及笄而
未嫁。照面盆为镜，谁怜雅澹梳妆；盘头水作油，只是寻常
包裹。甘心荆布，雅志贞坚。年年针线，为他人作嫁衣裳；
夜夜辟纑，常向邻家借灯火。今日晴爽，不免到溪边浣纱去
也。只见溪明水净，沙暖泥融。宿鸟高飞，游鱼深入。飘飘
浪蕊流花屦，来往浮云作舞衣。正是日照新妆水底明，风飘
素袖空中举。就此石上不免浣纱则个。

与"五娘吃糠"相比，这段道白文辞优雅，但缺少撼人肺腑的艺
术感染力。这哪里是村姑自述，分明是秀才耍弄才情，写诗情画
意的八股文章。四六骈俪取代了日常说话，矫揉造作已极，却合
乎剧作者心目中的淡雅风韵，小姑所居，独处无郎。也不知道梁
辰鱼填曲的时候，心中是否想着李商隐的诗句"小姑居处本无
郎"，然后就编出个"未妨惆怅是清狂"的范蠡？

《浣纱记》第十四出"打围"（又称"出猎"），是相当精彩
的一折，文辞也很优美，有汤显祖称赞的【普天乐】曲文：

【普天乐】锦帆开牙樯动，百花洲青波涌。兰舟渡，兰舟渡，万紫千红，闹花枝浪蝶狂蜂。呀，看前遮后拥，欢情似酒浓。拾翠寻芳来往，来往游遍春风。

【北朝天子】往江干水乡，过花溪柳塘，看齐齐彩鹢波心放。冬冬叠鼓，起鸳鸯一双，戏清波浮轻浪。青山儿几行，绿波儿千状，渺渺茫渺茫渺渺茫。趁东风兰桡画桨，兰桡画桨，采莲歌齐声唱，采莲歌齐声唱。

【普天乐】斗鸡陂弓刀笋，走狗塘军声哄。轻袭挂，轻袭挂，花帽蒙茸，耀金鞭玉勒青骢。

然而，【北朝天子】第二段为了表现围猎的热闹气氛，语气开始通俗，使用许多叠字形容出猎队伍的壮观，不再以精雕细琢的诗句来展现诗情画意的场景：

【北朝天子】马队儿整整排，步卒儿紧紧挨，把旌竿列在西郊外。红罗绣伞，望君王早来，滚龙袍黄金带。几千人打歪，数千声喝彩。摆摆开摆开摆摆开，闹轰轰翻江搅海，翻江搅海。犬儿疾鹰儿快，犬儿疾鹰儿快。

其实，在舞台上演出，这样"闹轰轰翻江搅海"的唱词，通俗好懂，很是一般群众喜爱的热闹场面。可是在讲究大雅的文士名家眼里，这却成了恶俗。沈德符《万历野获编》卷 25 记载了一段逸事，说到当时文名满天下的屠隆（1543—1605）曾经为了这段文字的俗滥而设计恶搞梁辰鱼：

昆山梁伯龙亦称词家，有盛名。所作《浣纱记》，至传海外，然止此不复续笔。其大套小令，则有《江东白苎》之刻，尚有传之者。《浣纱》初出，梁游青浦，时屠纬真隆为令，以上客礼之，即命优人演其新剧为寿。每遇佳句，辄浮大白酬之，梁亦豪饮自快。演至《出猎》，有所谓"摆开摆开"者，屠厉声曰："此恶语，当受罚。"盖已预储泠水，以酒海灌三大盂。梁气索，强尽之，大吐委顿。次日，不别竟去。屠凡言及必大笑，以为得意事。

屠隆以"摆开摆开"是俗滥恶语为由，逼得梁辰鱼罚酒三大杯，却准备的是污水，还自以为乐，作为得意之举，四处传讲。这场恶作剧让屠隆洋洋得意，梁辰鱼大受委屈，反映了当时文人雅士蔑视俗滥曲文、以雅为尚的态度。

说《浣纱记》曲文俗滥，是绝对不公平的，屠隆此举只是以偏概全，抓住了小辫子的霸凌行为。在昆曲舞台经常演出的折子戏"寄子"，是《浣纱记》的第二十六出，文辞就极为典雅优美，而且表现伍子胥父子生离死别的情景震撼人心，在舞台演出的效果上，雅俗共赏，直到今天仍每每令观众为之涕下：

【胜如花】（外）清秋路，黄叶飞，为甚登山涉水？只因他义属君臣，反教人分开父子，又未知何日欢会。（合）料团圆今生已稀，要重逢他生怎期？浪打东西，似浮萍无蒂，禁不住数行珠泪。美双双旅雁南归，美双双旅雁南归。（贴）【前腔】我年还幼，发覆眉；膝下承欢有几？初还认落叶归根，谁料是浮花浪蕋！（阿呀，爹爹吓！）何日报双亲恩义？（合）料团圆，今生已稀；要重逢，他年怎期？浪打东西，似浮萍无蒂。禁不住数行珠泪。美双双旅雁南归。

沈德符在《万历野获编》中探讨了戏曲南北散套的写作，特别指出"吴中词人如唐伯虎、祝枝山。后为梁伯龙、张伯起辈。纵有才情。俱非本色矣"。主要讲的就是这些文人填的曲，虽辞藻优雅、才华横溢，却是缺少了"本色"。缺少了质朴通俗的文辞，就没有直截了当的艺术感染力量，无法感动看戏的观众。他还论及音律，似乎对苏州人只关注昆腔水磨调，而忽视原本是主流的北曲，有所不满："近年则梁伯龙、张伯起俱吴人，所作盛行于世。若以中原音韵律之，俱门外汉也。"

这个"本色"问题，十分困扰明末的文人雅士。他们一方面讲求文辞的优美雅致，另一方面又考虑到戏曲舞台演出的整体艺术感染，经常以元曲的直白感人为标准，批评明代传奇写作的枝蔓与拖沓。凌濛初（1580—1644）在《谭曲杂札》里，对戏曲从元杂剧到明传奇的由俗入雅过程，从戏曲观众看戏的接受角度，提出了质疑，做了以下的生动描述：

> 曲始于胡元，大略贵当行，不贵藻丽。其当行者曰本色。盖自有此一番材料，其修饰词章，填塞学问，了无干涉也。故《荆》《刘》《拜》《杀》为四大家，而长材如《琵琶》犹不得与，以《琵琶》间有刻意求工之境，亦开琢句修辞之端，虽曲家本色故饶，而诗余弩末亦不少耳……自梁伯

> 龙出，而始为工丽之滥觞，一时词名赫然。盖其生嘉、隆间，正七子雄长之会，崇尚华靡，弇州公以维桑之谊，盛为吹嘘，且其实于此道不深，以为词如是观止矣，而不知其非当行也。以故吴音一派，竞为剿袭。靡词如绣阁罗帏、铜壶银箭、黄莺紫燕、浪蝶狂蜂之类，启口即是，千篇一律。甚者使辟事、绘隐语，词须累诠，意如商谜，不惟曲家一种本色语抹杀无余，即人间一种真情语，埋没不露已。

比凌濛初稍早的常熟剧作家徐复祚（1560—1630？），著有《红梨记》，深受昆腔水磨调影响，就采取脚踏两只船的态度。在《花当阁丛谈》中，他与凌濛初采取不同的论调，一方面批评梁辰鱼《浣纱记》的论点结构松散，文辞俚俗，另一方面又称赞他配曲宫调不失，在曲唱的安排上极为出色："梁伯龙辰鱼作《浣纱记》，无论其关目散缓，无骨无筋，全无收摄。即其词亦出口便俗，一过后不耐再咀。然其所长，亦自有在，不用春秋以后事，不装八宝，不多出韵，平仄甚谐，宫调不失，亦近来词家所难。"徐复祚显然不认为梁辰鱼文辞工丽有什么问题，反倒是觉得《浣纱记》的文辞太俗，难登大雅之堂，同时大为赞赏梁辰鱼善于使用昆腔水磨调。

凌濛初赞誉元曲与早期四大南戏的"本色"，抨击昆曲勃兴之后的文辞柔靡，实乃一篇打翻一片船，观点未免偏颇，徐复祚显然不会赞同。明末著名剧作家李玉就在《南音三籁序》中提出了完全相反的观点：

> 至明初，亦有作南曲者，大都伧父之谈，朴而不韵。延

及嘉隆间，枝山、伯虎、虚舟、伯龙诸大有才人，吟咏连篇，演成长套。或一宫而自始至终，或各宫而凑成合锦，其间紧慢之节奏，转度之机关，试一歌之，恍若天然巧合，并无拗嗓棘耳之病。全套浑如一曲，一曲浑如一句。况复写景描情，镂风刻月，借宫商为云锦，谐音节于珠玑，亦如诗际盛唐，于斯立极，时曲一道，无以复加矣。

李玉的论点与凌濛初针锋相对，真可谓"南辕北辙"，明确指出嘉靖隆庆之前的南曲，都是"伧父之谈"，粗鄙无文的。一直到苏州文人参与，南曲才出现优雅斯文的状态，特别在音乐与文辞的结合上，美妙动听，自然天成，不再有鸟语一般的"呕哑嘲哳难为听"。由此亦可见，南戏发展过程中，从嘉靖年间开始的一个世纪，昆腔水磨调由于魏良辅与梁辰鱼的艺术打磨，逐渐形成戏曲写作的雅调，其间也有着不同议论与波折，并非一帆风顺。由俗入雅，固然有苏州文化圈的支撑，也有许多喜爱传统主流的文士自矜见识，看不惯新起的时代流行曲，直斥为附庸风雅的靡靡之音。时间是考验艺术成就最好的标尺，在一两个世纪的时间流逝之中，大浪淘沙，淘汰了大量以昆腔水磨调写作的低劣作品，滤去了千篇一律的莺声燕语，留下了昆曲演出的文艺经典。

（四）

在昆曲勃兴前后，南戏的演化分两方面进行，一方面是通俗化的散布流行，展现了南戏普及的力度，另一方面则是在精英阶层的雅化进程中着重文辞与表演的精致与优雅，展现南戏艺术性的提高。汤显祖在《宜黄县戏神清源师庙记》中清楚描绘了南戏发展的途径：普及的是弋阳腔一脉，它结合各地曲唱与演艺，流行四方，演化成各地的地方戏，是受乡民群众喜好的俗戏；提高的是昆曲与海盐戏，它们优雅静好，是士大夫精英崇尚的雅戏。

与汤显祖同时代稍晚的顾起元（1565—1628）在《客座赘语》卷九中详细记录了南戏在南京的发展：

> 南都万历以前，公侯与缙绅及富家，凡有燕会小集，多用散乐，或三四人，或多人，唱大套北曲……若大席，则用教坊打院本，乃北曲四大套者……后乃尽变为南唱……大会则用南戏。其始只二腔，一为弋阳，一为海盐。弋阳则错用乡语，四方士客喜闻之；海盐多官语，两京人用之。后则又有四平，乃稍变弋阳而令人可通者……今又有昆山，较海盐又为清柔而婉折，一字之长，延至数息。士大夫禀心房之精，靡然从好。见海盐等腔已白日欲睡，至院本北曲，不啻吹箎击缶，甚且厌而唾之矣。

这种演变的情况，精通南北曲的王骥德在《曲律》卷二《论腔调第十》中也说："旧凡唱南调者，皆曰海盐，今海盐不振，而曰昆山。"

汤显祖创作剧本，继承了梁辰鱼的写作取向，显示南戏演变的雅化过程。他撰写剧本，以文学创作为优先考虑，在审音填曲方面，主要是使用当时流行的海盐昆腔一路，也就是循着戏曲音乐的雅化，在曲文上更为精益求精，发前人未曾探索的角色内心世界，展示人间情感的杳渺幽微。汤显祖在万历年间的文坛声名显赫，是远近知名的诗文大家，他写剧本自然会受到时人的瞩目。他的第一部剧本《紫箫记》以霍小玉故事为剧情，引起一阵骚动，谣传他是借着戏曲写作来讽刺当朝大员，迫使他为避免卷入政治斗争而辍笔。后来他以同样的故事来源写了《紫钗记》，以华美清丽的文辞叙述凄美动人的爱情故事，追求的是诗词意象之美，可谓文人雅士心目中的才子佳人杰作。他在批评政府腐败而遭贬谪之后，写了《牡丹亭》(《还魂记》)，宣扬至情至性，坚持个人的理想与爱情，不惜生生死死，颠覆陈腐的旧秩序，寻求心目中的美好新世界，引起了巨大反响。沈德符在《万历野获编》说："汤义仍牡丹亭梦一出，家传户诵，几令西厢减价。奈不谐曲谱，用韵多任意处，乃才情自足不朽也。"

　　《紫钗记》和《牡丹亭》可以泛泛归类为才子佳人剧，可又不只是写才子佳人的卿卿我我，主要讲的是一个妇女的自我追求。此二剧与一般才子佳人剧大不同处，在于它们不以才子的男性中心出发，而以女主角的情欲与理想为情节主轴，展现她的社会处境与婚姻自主的困扰。汤显祖写戏，考虑生命意义的展现，最主要是追求"情真"，不受陈腐道德纲常的羁绊，活出一个至情的真正的人。他受泰州学派思想的影响，从自我良知出发，要"致良知"，而且要在社会处境中"知行合一"，活出一个真我。什么是自我良知呢？就是内心深处基本人性(泰州学派强调的"赤子之心")的主体性，所以，从《紫钗记》到《牡丹亭》，汤显祖创作剧本，是在展现这种幽微的人性解放，完全不符合流俗观念，绝不通俗，不但是雅之又雅，还是哲思在舞台表演的重大突破。

　　《牡丹亭》讲的不是一个简单的男女爱情故事，而是女性追求自我的演绎。在明代传统道德封闭的社会环境，杜丽娘的情感与言行，肯定自我主体的情欲，追求自己所想所要，生生死死，乃至下了地府冥间化作鬼魂还要回到阳世找她的梦中情人。这是俗世现实不可能的事，但是，汤显祖通过生花妙笔，展演了缠绵悱恻的至情至性，唤起人们的同情去接受这超越俗世想象的美好愿望。这出戏非常特别，思想性特别超前，追求的"自我主体性"是非常现代的意识，不是四百年前女性所能清楚道出的心理状态，却隐隐约约有此向往，朦朦胧胧有此希望。我们从当时闺阁妇女阅读或观赏《牡丹亭》的反应就可以知道，女性读者与观众受到多么大的心灵震撼。最显著的例子，就是表现在文献中的《吴吴山三妇本牡丹亭》的批点评语，以及《红楼梦》中黛玉听了《惊梦》戏词之后的感受。

《牡丹亭》最著名，也是在舞台上表演最多的是《惊梦》《寻梦》这两出。我们看看汤显祖写杜丽娘出现在小庭深院的曲文，是多么娴雅韵致：

【步步娇】（旦）袅晴丝吹来闲庭院，摇漾春如线。停半晌，整花钿，没揣菱花，偷人半面，迤逗的彩云偏。（行介）步香闺怎便把全身现？

写她与春香一同进入花园，四下无人，春天来到静悄悄的废园，绽放出五颜六色的姹紫嫣红：

【皂罗袍】原来姹紫嫣红开遍，似这般都付与断井颓垣。良辰美景奈何天，赏心乐事谁家院。恁般景致，我老爷和奶奶再不提起。（合）朝飞暮卷，云霞翠轩。雨丝风片，烟波画船。锦屏人忒看的这韶光贱。

【好姐姐】（旦）遍青山啼红了杜鹃，荼蘼外烟丝醉软。春香呵，牡丹虽好，他春归怎占的先？（贴）成对儿莺燕呵，（合）闲凝眄，生生燕语明如翦，呖呖莺歌溜的圆。

汤显祖当然是在作诗描摹杜丽娘的心境，让他笔下的角色吐露心底的幽微情愫，写出少女杳渺的春心荡漾，却又不失高雅矜持的风致。游园之后，梦到理想的情人，又去花园寻梦，继续展现少女怀春的情愫，刻画入微：

【懒画眉】（旦）最撩人春色是今年。少什么低就高来粉画垣，元来春心无处不飞悬。（绊介）哎，睡荼蘼抓住裙衩线，恰便是花似人心好处牵。

【江儿水】偶然间心似缱，梅树边。这般花花草草由人恋，生生死死随人愿，便酸酸楚楚无人怨。待打并香魂一片，阴雨梅天，守的个梅根相见。

这样的曲文，在戏曲剧本中显示了文学艺术的巅峰，与早期南戏的戏文不可同日而语，也在一些人眼里成了"案头之书"，而非"筵上之曲"，因为太雅了，太不"本色"了，文辞美得过于曲折婉转，一般人看戏听不懂。李渔在《闲情偶寄·词曲部》有"贵显浅"一节，对《惊梦》《寻梦》二折做了批评，认为文辞太过典雅，没有元曲的直白浅近，不适合演出：

诗文之词采，贵典雅而贱粗俗，宜蕴藉而忌分明。词曲不然，话则本之街谈巷议，事则取其直说明言。凡读传奇而有令人费解，或初阅不见其佳，深思而后得其意之所在者，便非绝妙好词，不问而知为今曲，非元典也。元人非不读书，而所制之曲，绝无一毫书本气，以其有书而不用，非当用而无书也，后人之曲则满纸皆书矣。元人非不深心，而所填之词，皆觉过于浅近，以其深而出之以浅，非借浅以文其不深也，后人之词则心口皆深矣。无论其他，即汤若士《还魂》一剧，世以配飨元人，宜也。问其精华所在，则以《惊梦》《寻梦》二折对。予谓二折虽佳，犹是今曲，非元曲也。《惊梦》首句云："袅晴丝，吹来闲庭院，摇漾春如线。"以游丝一缕，逗起情丝，发端一语，即费如许深心，可谓惨淡经营矣。然听歌《牡丹亭》者，百人之中有一二人解出此意否？若谓制曲初心并不在此，不过因所见以起兴，则瞥见游丝，不妨直说，何须曲而又曲，由晴丝而说及春，由春与晴丝而悟其如线也？若云作此原有深心，则恐索解人不易得矣。索解人既不易得，又何必奏之歌筵，俾雅人俗子同闻而共见乎？其余"停半晌，整花钿，没揣菱花，偷人半面"及"良辰美景奈何天，赏心乐事谁家院""遍青山，啼红了杜鹃"等语，字字俱费经营，字字皆欠明爽。此等妙语，止可作文字观，不得作传奇观。

李渔批评《牡丹亭》曲文太雅、太深，过于曲折婉转，不适合舞台演出，有其粗浅的道理，就是一般群众听不懂，所以不是元曲通俗一脉。李渔以"雅俗对立"来评论剧本的舞台效果,有其看法,但是以元曲直白通俗为品评标准,认定了文辞雅致的剧本不能演出,则完全忽视了戏曲发展的历史轨迹,就未免观点狭隘,抱残守缺了。《牡丹亭》演出四百年的历史让我们看到,在昆曲舞台上历演不衰的,就是《惊梦》《寻梦》这两折,它们最受观众喜爱,成了雅俗共赏的剧目,因其是文学、音乐与演艺结合最优雅的结晶。回顾戏曲发展的历程可知,由俗入雅是自然的趋势,不必是古非今、崇俗贬雅,应该视作不同历史阶段的艺术创作倾向与风格。雅俗可以共赏,也可以分赏,不必相互排斥。王国维在《人间词话》中说:"境界有大小,不以大小分优劣。"这句评论的是诗词欣赏,其实戏曲也一样,戏曲有雅俗,不以雅俗分优劣。

南戏剧本的写作,在明代中叶已经开始雅化,许多文人作家的参与,发展了明代传奇剧本的文学化,逐渐远离元杂剧的直白本色。昆曲的兴起,讲究音乐节拍的舒缓雅致,更进一步推动雅化的过程。到了汤显祖的《临川四梦》,戏曲剧本雅化的进程已经达到高峰。之后的昆曲剧本,包括李渔的剧本在内,不论题材是男女恋情,还是世事沧桑,曲文的撰著都有阳春白雪的倾向,而不以下里巴人为依归。

从文学经典的角度来看,清初洪昇的《长生殿》与孔尚任的《桃花扇》是两部极其精彩的杰作。《长生殿》的写作,融合昆曲音律的要求与文辞的优雅精审,穿插了南北曲的精华,可谓昆曲剧本的写作典范。尤其值得注意的是,《长生殿》的曲文撰写,简直达到杜甫写诗的"无字无来历",把历代关于唐明皇与杨贵妃故事的文学典故几乎完全融入了剧情的铺展。《桃花扇》的文辞也精彩万分，令人低回不已，表面写的是侯方域与李香君的爱情故事，真正表达的却是国破家亡之痛，改朝换代的历史创伤。最受后人称道，甚至在民国以后纳入语文教科书作为文学范本的，是剧本末尾的《哀江南》套曲，最后一段如下：

〔离亭宴带歇指煞〕俺曾见金陵玉殿莺啼晓，秦淮水榭花开早，谁知道容易冰消！眼看他起朱楼，眼看他宴宾客，眼看他楼塌了！这青苔碧瓦堆，俺曾睡风流觉，将五十年兴亡看饱。那乌衣巷不姓王，莫愁湖鬼夜哭，凤凰台栖枭鸟。残山梦最真，旧境丢难掉，不信这舆图换稿！诌一套《哀江南》，放悲声唱到老。

经过历代的传诵阅读与舞台演出，这些雅化的曲文早已成为雅俗共赏、童叟皆知的基本知识，是文化传统提炼出来的精华，也是文学经典与昆曲雅化相融的文化遗产，最值得我们从欣赏昆曲之中汲取并传承精华，开创未来。

唐宋诗词的现代意义

莫砺锋 [*]

各位朋友大家好，这是我生平第二次到深圳，第一次来是 13
年前。当时我从香港过来，坐火车到了深圳。我在深圳待了三
天，没走出深圳大学的校园，第四天就走了。实际上这是我第一
次到深圳，到坪山当然更是第一次。我昨天在香港中文大学讲了
一课，题目是"经典阅读与文化传承"，谈到这样一些话题：我
们现在的当务之急是应该读什么书？读什么好书？读什么经典？
这和我们继承弘扬中华文化有什么关系？最后我得出一个结论，
我们要读古人留给我们的好书，读那些经典。我着重跟大家交流

---

[*]　新中国第一位文学博士，南京大学人文社科资深教授、博士生导师，南京大学中
国诗学研究中心主任，江苏省社科名家。1949 年生于江苏省无锡市。1978 年考
入安徽大学外文系英文专业。1979 年考取南京大学中文系研究生，师从程千帆教
授专攻中国古代文学，1984 年获文学博士学位，是国内首位文学博士学位获得
者。代表作品有《江西诗派研究》《杜甫评传》《中国文学史·宋代卷》《朱熹文
学研究》《唐宋诗歌论集》等学术著作和《浮生琐忆》《莫砺锋诗话》《漫话东坡》
《莫砺锋说唐诗》等非学术性著作，同时出版个人文集《莫砺锋文集》十卷本。

了我个人读《论语》的感想，本来按照计划后面要讲到唐宋诗词，但是时间没有了。所以我昨晚就说今天在坪山图书馆要再讲这个话题。

文学史上一般的名词都是唐诗宋词，但是我喜欢说唐宋诗词，这是为什么呢？这是因为我们讲唐诗宋词的话，指的是唐朝人写的诗，包括五言诗、七言诗，而词就是宋代文学的词。这样是两个朝代两种文体，当然是一一对应的。但是宋朝人写的五言诗、七言诗也非常好，所以我们读唐诗还不够，光读李白杜甫还不够，同时应该读苏东坡或陆放翁。反过来说，词到了宋代达到巅峰时期，但是在唐五代也产生了一些词的大家，也奠定了非常好的基础。所以我觉得如果想读古典诗词最好把唐代和宋代作为一个整体，700年间产生的诗和词都是非常好的经典，所以我喜欢把它们放在一起讲。

我接下来讲一讲诗词是什么，唐宋诗词又是什么。有一位新诗人名叫艾青，他曾在接受记者采访时被问到到底什么是诗。艾青回答得很巧妙，说诗就是文学中的文学。我们可以仿照艾青的说法来问一句，什么是诗词？诗词就是诗歌中的诗歌。什么叫唐宋诗词？唐宋诗词就是诗词中的诗词，中国古人传下来的诗歌作品中最好的，称得上巅峰时期的就是这两个时代。不是说元明清就没有好诗人，也有，但是他们超越不了唐宋。这是我们祖先留给我们的珍贵遗产，我们每个人都应该继承，都有权利继承。

我稍微说一说我和唐宋诗词结缘的来由。50多年前，具体来说是1966年，我在江苏省苏州中学读高三，就要毕业参加高考了，而且高考志愿都填好了，但是当时中央宣布废止高考，"文革"开始了。11 年后的 1977 年冬天恢复高考，我随即报考，而那个时候我快 30 岁了。我觉得这个年龄再学理科有点迟了，就考了文科，当然我一开始也没有读中文，读的是英文，读到大二的时候才"逃"到中文系读研究生，开始和唐宋诗词有了交集。但我真正和它结缘是在农村当知青的时候。就在那个时候，唐宋诗词悄然走进我的心扉，这些作品给我以安慰，为我的精神提供了一个家园。好像李白、杜甫、苏东坡、辛弃疾这些人就是我的朋友，他们通过自己的作品和我对话，在心灵上给我以安慰。

下面我们就言归正传，说一说唐宋时代作品的现代意义在哪些方面。我粗浅的看法大概有 4 个层面，由浅入深展开。

第一个层面，唐宋诗词是我们的祖先用方块汉字码成的文本中最有美感的一类，可以说这些作品是最大程度地发挥了汉语、汉字潜在的美学性质。此话怎讲？我们的汉语言文字有两大性质。第一，它非常简洁。朋友们，翻译工作者可能会发现把一篇中文作品翻译成拼音文字后篇幅会有所加长。我们的语言非常简洁。怎么能使我们的语言文字表达得更简洁呢？在座的有小朋友，他们在学校里写作文，老师会表扬你写得很简洁，批评你写得很繁复、啰嗦。后一种情况是不好的，不管书面表达口头表达都应当简洁。我觉得，要使我们的语言文字表达变得简洁、明了，最好的途径之一是读唐宋诗词。最短的五言绝句诗只有 20 个字。词更加简短，最短的一个词牌叫作《苍梧谣》，别称《十六字令》，顾名思义就是该词牌只有 16 个字。你读了之后会惊讶，我们的祖先怎么能用那么少的字表达那么丰富的内容，那么丰沛的感情，而且还表达得那么好。

　　除了简洁之外，唐宋诗词还有一个更大的特征是优美，这也是我们的汉字特有的性质。语言文字是我们和其他人交流的主要工具，离开了语言文字我们便没法交流。如果表达得优美，对方就很容易接受、理解，所以我们应该追求流畅、优美。也许在座有的朋友说，我将来不搞写作，我是否还需要把自己的文字表达变得更加优美？同样需要。因为一个人从小到大，有一种文体的作品是一定要写的，那就是情书。你怎么可能不写情书呢？请问我们怎么把情书写得很优美？如果你缺乏写作才能，一个诀窍是你可以借用别人写的金句，把别人写的关于爱情优美的词句引用一些放在你的情书中，可以帮助你抒发感情。我们是现代人，当然我们首先关注的是现代的文艺作品，但现代文艺作品中有没有写爱情非常好的金句呢？我想来想去，如果一个人想引用现当代文艺作品，电影里好像有一个金句，叫作"爱你一万年"。但是我始终觉得"爱你一万年"这句话很抽象，不太优美。换一个角度，我们从流行歌曲中找一找。我偶然听到过一句很生动的歌词，说爱情"就像老鼠爱大米"。这倒是蛮生动的，但是我觉得它不优美，有点粗俗，这个比喻不伦不类。我们在当代作品中很难找到合适的金句，所以可以把目光转向古典诗词。晚唐诗人李商隐的作品中最有个人特色的无疑是他的名为《无题》的爱情诗，"身无彩凤双飞翼，心有灵犀一点通""春蚕到死丝方尽，蜡炬成灰泪始干"。把这些描写形容爱情的句子放在情书中寄到你的意中人手中，肯定会有一种打动人心的力量。如果有朋友一时失恋了怎么办？请大家看宋词。北宋词人晏几道写得最好的主题就是失恋的痛苦，写得回肠荡气、入木三分。所以万一有哪位朋友谈恋爱不顺利，你的朋友不理你了，你需要写一封信去劝他回心转意，要告诉他你很孤独、很痛苦，想让他回心转意，这时你可以去找晏几道的《临江仙》。这首词里有这样的句子："梦后楼台高锁，酒醒帘幕低垂，去年春恨却来时。落花人独立，微雨燕双飞。"请特别关注后面两句，意思是：在暮春季节，花都落了，春天都要过去了，我一个人伤心地站在那里，在蒙蒙的细雨中，燕子成双成对飞来飞去，更加反衬出人的孤单。如果哪位朋友把这两句句子镶嵌在你的书信中寄到这位暂时不理睬你的朋友手中，大家猜会产生什么神奇的效果？效果就是他会立马回心转意，回到你身边。朋友们不要笑，也许有的朋友在下面嘀咕，万一他不回心转意怎么办？不回心转意你来找我，我负全责。虽然现在交通发达了，但是南京和深圳还是有点距离，交通还有点麻烦。为避免大家花这么多时间到南京找我，我现在把答案告诉你们。假如你把这封信寄到暂时不理睬你的朋友手中，他读到"落花人独立，微雨燕双飞"的句子竟然还没有回心转意，你大可得出一个结论：这个人素质太差，没有必要和他谈下去了。所以唐宋诗词不仅是提升我们素质的读本，也可以用来检验一个人有没有素质。

在中小学时期，唐宋诗词主要出现在语文教学中，所以大家就容易把它看成语文教学的对象，但我要强调的是它的意义绝对是溢出语文教学之外的。下面讲我心目中唐宋诗词的第二层意义。我们祖先写的作品，写作年代距离我们最短的也有800年，距离我们最长的已经有1400多年，这么久远的老祖宗写的东西为什么还有用处？为什么还能感动我们呢？我觉得关键在于，这些好作品抒发的七情六欲、喜怒哀乐是我们每一个普通人心中最朴素的感情，这些作品正是在这一点上拨动了我们的心弦。我们在某一个生活场景中读到某一首唐诗宋词，觉得它仿佛就是古人为我写的，为我身边的人写的，这个时候当然会感动了。

口述无凭，我讲两个例子，南京大学从全国招生，每年9月1日开学，很多新同学从祖国各地不远万里来求学。现在我们有长假，如国庆节放长假，可那个时候没有长假，国庆节就放一天假。开学不久，佳节来临，国庆来了，中秋也来了。记得我当青年教师的时候，每逢开学初佳节来临，系领导都和我们打招呼，让我们给大一带课的老师看一下新同学，因为那时有的同学情绪会有点波动。那一年我的班上有一个高个子男生，是从云南来的。我已经给这个班上过两周课了，国庆节我就去看他们，结果打开房门一看，其他同学都出去玩了，就这个高个儿男生待在房间里。这个小伙子在干什么呢？他站在房间的角落，手里拿着一块手帕背着门抹眼泪。我就问某某同学你怎么了。他回过头来一看，说："莫老师，我想妈妈。"他想妈妈想家了，所以在那里伤心。我安慰他一番后就想，假如这个同学此时此刻要想写一首诗来表达一下内心的情思，他应该怎么写？我觉得他不用写，读读唐诗就可以了。他可以读王维的《九月九日忆山东兄弟》——"独在异乡为异客，每逢佳节倍思亲"，他也应该不可能比王维写得更好了。一个人在异乡举目无亲很孤独，平时也很想家，但是碰到佳节来临应该团聚的时候更是分外想家。读了这首诗之后，仿佛王维就在身边，是他为你写了这首诗，你就受到安慰，受到感动。不要以为只有我们大学新生才有这种感觉，人到中年者也会有，人到老年者也会有。在我们人生的每一个阶段，每一种生活场景下都能找到一首或几首好作品来和你当时的心情一一对应。

下面说一个我自己的例子。1986年，我应哈佛大学邀请去做访问学者。那次哈佛提供的条件相当好，来回机票都包，津贴也比较好，还可以带家属。但是那个时候我们国家刚开始改革开放，学校不同意我带着家属去，所以我只好一个人去了。到了哈佛不到半个月，中秋节来临。那天晚上我走出我的住处，看到一轮明月挂在半天空中，映衬着哈佛为纪念二战阵亡师生而修建的一座尖顶的教堂。我看着那一轮明月情思满腹，开始想念起我的母亲、妻子、女儿。我当时很想写一首诗或填一首词表达一下内心的感情。后来一想哪用我写，苏东坡早就写过了，他的《水调歌头》就是千古第一中秋词，词中写道："人有悲欢离合，月有阴晴圆缺，此事古难全。但愿人长久，千里共婵娟。"那个晚上我反复读这首词，我的情感就被抒发出来了。所以唐宋诗词中的那些好作品至今仍活在我们的心上，活在我们的口头。没有其他诀窍，关键就是它们帮我们抒情。它们写的普通人的喜怒哀乐，千古相通。

第三层意义在于，唐宋诗词中的好作品展现了我们的祖先曾经有过的生活方式或者生活态度。我一直认为当代有很多朋友是不懂生活的，有些朋友把生活理解为物质生活，他们不清楚决定生活质量、决定幸福指数的，除了物质之外还有一个非常重要甚至更重要的因素——精神生活。精神生活才是真正使生活产生幸福感、美感乃至诗意的东西。读一读唐宋时代的诗词作品，可以了解我们的列祖列宗是怎么生活的。

比如，唐宋诗词发展得最充分的主题是离别之恨。不管唐诗还是宋词，一统计肯定都是这样子，因为古代通信不发达，一旦有家人、朋友、情人到远方去，分离一定会使人特别难受，肯定是"断肠"的，所以古人对送别之情看得非常重。大诗人李白送朋友孟浩然去江苏旅行，二人先在黄鹤楼喝点酒，写首诗，然后孟浩然才上船顺着江水向东去。李白在江边远远眺望着朋友坐的帆船向天际驶去，应景写出"孤帆远影碧空尽，惟见长江天际流"的名句，描写友情像滔滔不绝的江水一直流到东边。现在的送别快捷化了，大家送别到高铁站、飞机场，转眼人就不见了，根本没有机会抒发绵延不绝的离情。

再举一例。唐宋诗词中有很多好作品描写自然，描写山川、风景。在古人心里，大自然不仅是我们生活的物理空间，也是我们的心灵家园。所以古代的诗人词人心情烦闷时，往往会到大自然的怀抱里寻求安慰。李白有一次独自喝闷酒，没有人陪他，但是他带着一壶酒走到花丛中，走到月光下，赋诗一首，"花间一壶酒，独酌无相亲，举杯邀明月，对影成三人"，于是孤独感就消解掉了。我下面向朋友们隆重推荐一首韩愈的诗——《同水部张员外籍曲江春游寄白二十二舍人》，看看古人是怎么对待自然的。有一年韩愈在长安做官（长安就是现在的西安），长安南郊有一个著名的景点叫曲江。景点内有一大片水域，弯弯曲曲，所以叫曲江，江两边花木葱茏，亭台楼阁，皇帝的行宫都建在那里。那年春天，韩愈约两个朋友到曲江春游，赏赏春光。一个朋友叫张籍，就是此诗题目中的水部张员外。另外一个就是白居易，白居易排行二十二。到了那天张籍和韩愈都去了，但是白居易爽约了，所以事后韩愈写了一首诗寄给白居易。这首诗的内容就是质问白居易为什么爽约。"漠漠轻阴晚自开"，今天的天气早上还有点阴，下午就变晴了，变晴之后"青天白日映楼台"，就是天上的蓝天白云和地上的曲江楼阁都倒映在曲江水面上，景色很美。第三句写自然，"曲江水满花千树"，因为是春天，两岸繁花盛放。也就是说，这首诗的前三句说气候很好，人文景观很好，自然景观也很好。第四句则问白居易："有底忙时不肯来？"这个"底"就是"什么"的意思，即你有什么忙不过来呢？假如白居易要为自己辩护，他会怎么说呢？这也正是我们今天在生活中经常听到的话。你约一位朋友到某处看花，对方十有八九会说这两天正忙，走不开，过两天再说。但是他们不知道花季很短，过几天花就谢了。如果当时白居易回答韩愈的追问，"有底忙时不肯来"，他可能也会回答说公务繁忙走不开。白居易是不是公务繁忙呢？他确实是忙。他官至中书舍人，相当于现在的中央办公厅秘书长，官阶在正四品上。韩愈做什么官？韩愈做吏部侍郎，相当于现在的中央组织部副部长，官品是正三品上，比白居易高三级。一个正三品的官可以去曲江春游，你一个正四品官却说公务繁忙走不开，可见是借口。我一直觉得不管你怎么忙，都应该抽出一点时间来亲近自然，和家人朋友一起去看一看春花秋月，听一听春鸟秋蝉。大自然是我们永恒的心灵家园。

下面讲第四个层面，也是我心目中唐宋诗词最重要的现代意义。我昨天在香港中文大学也讲了，我们的祖先在评价文学价值时有一个非常好的标准，他们从来都是人文并重。这句话是什么意思？就是他们一方面看作品，一方面也看作者的人品。我们祖先坚定认为凡是人品庸俗或者低劣的人，即使再有才华，他写出来的作品也是没有价值的。所以祖先已经把他们都排除掉了。也就是说，经过许多年读者的反复挑选，凡是还流传到今天的被大家公认的大诗人、大词人，他们均是不但作品好而且人品也好，所以他们的作品所表述的人生态度、人生观，都有正面意义，有一种正能量。这对今天的读者有巨大的引领作用。口说无凭，我举两个例子——唐代的杜甫和宋代的苏东坡。

杜甫一向被称为"诗圣"，诗人之中的圣贤。诗圣的意义究竟何在？主要的标准是人格崇高，杜甫正是在这一点上达到了儒家的圣贤标准。

我们稍微回顾一下儒家思想。现在我们说要继承弘扬中华传统文化，我觉得这其中最重要的一个思想资源来自儒家。儒家思想两千多年来成为中国社会的指导思想，绝不是由于汉武帝、董仲舒个别人物的作用，实际上是整个民族的集体选择。儒家思想的精髓就是强调群体利益。在伦理学意义上，儒家主张"仁者爱人"，每个人都要基于仁爱之心去关爱他人。在政治学意义上，儒家提倡"仁政爱民"，要提高老百姓的生活质量，使他们生活得更和平、更幸福、更安定。这两个思想是儒家最核心的思想。伦理学上的"仁者爱人"是个人层面的，政治学上的"仁政爱民"是国家层面的。这两个层面之间怎么沟通的呢？怎么成为一个和谐的整体呢？孟子说得很好，"老吾老以及人之老，幼吾幼以及人之幼"。通过自然的情感延伸，儒家就把这两个观点统一起来了，这是儒家的精髓。后代有很多儒学者用各种理论进行阐释，进行弘扬，但是我觉得其中做出了突出贡献的就是诗人杜甫，是他用诗歌对这两点进行了弘扬。1458首"杜诗"，当然也写山川景物，草木虫鱼，但是其核心内容，最耀眼的闪光点，就是儒家精神的诗歌表述。他用非常优美的语言把儒家精神通过具体生活场面表述出来。我们读杜诗与我们读《论语》《孟子》受到的教育是不一样的。后者是说教，是逻辑性的文字表达。杜诗不是，它是优美的诗歌文本，读的时候让人觉得它很优美，让人很喜爱。慢慢地，这个影响不知不觉进入你的心扉。这个过程有点像杜甫描写的成都郊区春天的夜雨，"随风潜入夜，润物细无声"。这是杜诗的最大价值。

　　杜甫就是这样的诗人，他的作品不是简单的文学作品，他也不仅仅是我们语文课要讲述的对象。我知道有一个后代读者认真读了杜诗，结果他的人生境界提升了，这个人叫文天祥。我们来看一看文天祥读杜甫的经历。公元1279年，崖山沦陷。此时的文天祥正在蒙古人的战船上，不过他怎么会在蒙古军队里呢？他被俘了。蒙古人押着他前往崖山，强迫他写信招降旧部。文天祥拒绝写招降信，而是写了两句在座的小朋友都知道的诗，"人生自古谁无死，留取丹心照汗青"。蒙古人攻下崖山之后带着文天祥北归，来到今天的北京。文天祥在北京监狱中写下了最著名的诗《正气歌》。此诗最后两句是这样写的，"风檐展书读，古道照颜色"。他说我的精神力量是从哪里来的？是古人的道德照亮了我，激励了我。他说的古道具体指的是什么？我们发现有两点具体内容。第一是儒家之道，孔孟之道，这是毫无疑问的。文天祥就义以后，他的欧阳夫人为他收尸，在他的腰带上发现了一行文字:"孔曰成仁,孟曰取义,惟其义尽,所以仁至,读圣贤书,所学何事,而今而后,庶几无愧!"这首《衣带铭》明确告诉我们文天祥坚持不降的第一精神源泉是儒家思想和孔孟之道。他的第二精神来源就是一部杜诗。文天祥在北京监狱中经常读杜诗,还写了200首《集杜诗》。这200首都是杜甫的原话,都是杜诗里的句子,由文天祥重新组装成新诗。他为什么要不厌其烦地写200首《集杜诗》呢?《集杜诗》前面有一段序,说的是自从国破家亡后,文天祥的全部经历和全部感受杜甫都写过了,他就不用自己写诗了,只要把杜甫的句子移用过来就可以表达他的感受。所以支撑着文天祥坚持到最后的第二精神来源就是杜诗。

下面转向我心目中的另外一个偶像——宋代的苏东坡。苏东坡的作品对我们现代到底有什么意义?苏东坡晚年被流放到海南岛的儋州,65岁那年才离开海南岛北归。第二年,他在去世的前一个月走进了镇江的金山寺。金山寺的和尚看到他来了,拿出一幅肖像画,画的就是东坡,请他在上面题一首诗。苏东坡在这幅肖像画上题了一首六言诗,后面两句是这样说的:"问汝平生功业,黄州惠州儋州。"我这个人一辈子干了什么呢?就去了三个地方——黄州、惠州、儋州。这三个地方都是他被流放的地方。黄州是现在的湖北省黄州市,是一个偏僻的小山城。惠州离这里不远,是南海边上的小城市。儋州在海南岛,是北宋的天涯海角,是最偏僻、最荒凉、最落后的地方。东坡去的时候邻居都是黎族老乡,生活非常困难。黄州、惠州、儋州三地流放时间加起来共计9年11个月的光阴,差1个月就是整整10年。一个人生活了66年,为官30年,其中有10年在流放地,而且一个比一个遥远、偏僻。这样的人生可算是坎坷，真正是风雨人生。但是苏东坡最了不起的作品恰恰是在这3个地方写的，那些作品具有最高的价值和最大的意义。

限于篇幅，我只举黄州为例。苏东坡早期的人生相当顺利，22岁考上进士，很快就以文名震动天下，诗写得好，书法也好。但是他人到中年就成了流放犯，刚到黄州时心情非常苦闷，最初半年都住在寺庙里不出来见人，黄昏了才出来走一走。更大的困难在于到了黄州以后经济生活陷入窘境，原来的薪俸停发，政府只发一点点生活补助，全家20多口人举步维艰，所以他必须开荒种地才能养活全家。官府把黄州城东山坡上的一块荒地借给他种，他给自己起了一个号叫"东坡居士"。但是那块地是荒地，不是农耕田，水稻产量很低。40亩地打下来的稻子居然还不够20个人的口粮。

我是苏东坡的异代粉丝，我太热爱这个人物了。我每次读他在黄州写的那些作品、诗词、小品、书信乃至书法作品，心里便非常悲愤，这么一个人物怎么落得这么个遭遇？我又觉得非常遗憾，遗憾什么呢？我知道现在社会上很多朋友，特别是年轻朋友都会玩一种花样，叫作"穿越"，一会儿"穿越"到这里，一会儿"穿越"到那里。我年纪大了学不会，假如我学会"穿越"就好了，我就立马穿越到北宋去，奔赴黄州当志愿者，帮东坡去种东坡上的这块地。我向大家郑重介绍我的专业。我现在在南大文学院任教，从事的专业是中国古代文学。我的第二专业是本科时学的英语，没学好。但我还有第一专业。我从19岁一直到29岁的十年青春中，学的就是水稻栽培。我种水稻太内行了，从插秧到割稻都是一把好手。我要是奔赴黄州当志愿者，一定能打下足够的稻谷够东坡全家吃。可惜我至今没有学会穿越。所以东坡远远地眺望 21 世纪，但我这个志愿者就是没法穿越过去。很快就到了第三年，东坡在黄州的两个朋友劝他，说眼看他要在黄州长期生活下去，光靠东坡上这块公家的地是不行的，得自己去买块好点的地来种。朋友很热心，帮他打听到十公里外有一个小村庄叫沙湖，沙湖有块水田非常好，可以把它买下来。苏东坡一听欣然同意，就在两个朋友的陪同下到沙湖去相田。临出门前担心刮风下雨，所以把家里的雨伞、蓑衣让家里的年轻人先背着到半路去接应，他们三个人在后面走，因为苏东坡 47 岁了，走得慢一点。没想到那天的风雨来得急，他们刚走出家门没多远突然刮风下雨，没办法只好硬着头皮往前走。过了不久两个朋友就焦虑，因为衣服淋湿了，路上也很泥泞。只有我们的苏东坡，尽管衣服也淋湿了，尽管也在泥泞的小道上走着，但是他一点都不焦虑，依然从容、淡定，甚至不失潇洒，因为他坚信风雨是暂时的。路上滑没关系，从路边捡一根竹棍拄着。脚上穿的草鞋，本来比较防滑。果然到了下午天气就转好，斜阳都出来了。此行没有买成那块田，我也研究证明过他为什么没有买成那块田，但是此行产生了一首《定风波》。"莫听穿林打叶声"，不要听风雨的萧萧之声，意思是不要太在意风雨。他披着一件蓑衣，风里来雨里去，已经走了大半辈子，都习已为常了。我相信当苏东坡写下"一蓑烟雨任平生"的时候，他心里多半是这样想的：我这个人连政治上的大风大雨都经过了，死囚牢都关了 130 多天，自然界的风雨又怎能奈我何？我们来完整地念一下这首词："莫听穿林打叶声，何妨吟啸且徐行。竹杖芒鞋轻胜马，谁怕？一蓑烟雨任平生。料峭春风吹酒醒，微冷，山头斜照却相迎。回首向来萧瑟处，归去，也无风雨也无晴。"请问这首词写的是那一年到沙湖相田途中偶遇风雨吗？当然是，前面有小序，写得很清楚。但是请问这首词仅仅是写的偶然碰到了自然界的一场风雨吗？当然不是，它实际上写的是人生道路上的风风雨雨。我们把人生中碰到的困难挫折比喻为风雨，假如碰到的困难很多，我们说是风雨人生。苏东坡一生真的是风雨人生，先后被发配到黄州、惠州、儋州，但是他写下了这样的作品。这首在黄州写的词，艺术水准比不上《念奴娇·大江东去》，比不上咏孤鸿的《卜算子》，但是它对于现代读者的意义是超一流的。我特别向朋友们强烈推荐这首词，是基于这样的信念：我们普通人都是享受着普通的命运，我是南大的一个普通教师，和在座的各位朋友一样都是普通人，我们都是芸芸众生，凡夫俗子，不是什么杰出人物。普通人的命运就是普通的命运，人生中间一定会或早或晚碰到困难挫折，一定会有某个时段处在低谷逆境中。我们没有办法祈求神灵为我们安排一帆风顺的命运。对于我们的小朋友，家长一定要教育他们今后可能会碰到坎坷。我们能做的就是当我们碰到坎坷的时候应该知道怎么办，采取什么人生态度。在这个方面，苏东坡为我们做出了一个完美的榜样，他一生中十年屈身黄州、惠州、儋州，那么多的坎坷，那么长的逆境，他都走过来了。他不但走过来了，还把逆境变成了人生的顺境，他最重要的作品就是在这些地方完成的。苏东坡的天才我们可能没法学到，但是他的人生态度我们普通人都可以模仿，这是真正的正能量。一个民族一个国家发展当中就能没有坎坷？不碰到挫折？当然不是，肯定是有的，问题是你采取什么态度。

　　总的来说，我认为唐宋诗词中的好作品，那些经典作家、经典作品在人生意义上为我们提供了一个好的精神源泉，这是其最重要的意义，这已经完全溢出了语文教学的层面，这是我向大家推荐这些作品的主要理由。

反传统的《围城》

陆建德[*]

　　谢谢胡总刚才非常慷慨客气的介绍，我今天是作为普通读书人来与诸位交流一下自己阅读的心得。坪山是我从来没有来过的地方，人生第一次总有些特别令人感怀的内容。深圳的文化事业在国内走在了其他很多地方的前面，坪山相对来说又是深圳最年轻的一个区。我刚才在楼下看了展览，略知坪山及坪山图书馆的背景，所以我想这个图书馆今后还会在提高阅读兴趣、提供优质服务方面更上层楼。

---

[*]　中国社会科学院文学研究所原所长，厦门大学比较文学与跨文化研究中心主任、外文学院讲座教授。1982 年复旦大学毕业后获国家教委奖学金留学英国剑桥大学英国文学系，1990 年获博士学位，回国就职于中国社会科学院外国文学研究所，曾任《外国文学动态》和《外国文学评论》主编，后调任该院文学研究所所长兼《文学评论》主编，现已退休，被厦门大学外文学院聘为讲座教授。著作包括《麻雀啁啾》《破碎思想体系的残编》《高悬的画布》和《自我的风景》等，近年关注中国现代文学和鲁迅，著有《海潮大声起木铎——陆建德谈晚清人物》《戊戌谈往录》以及一系列关于鲁迅与北京二三十年代文界的论文。

　　图书馆也和我自己的成长经历有特别的关联。70年代中期，我当时是待业的社会青年，喜欢泡在杭州大学路的浙江图书馆。那是民国年间杭州一栋著名的西式建筑，有希腊式石柱，馆名由蔡元培先生书写，端庄肃穆。即使在没有很多书可读的时候，不少杭州人跟我一样，不知不觉中也在图书馆得到了滋养。今天在座的诸位一定要珍爱坪山这个地方，多来图书馆，养成"好读书"的习惯。

　　我今天要讲的是钱锺书先生的《围城》。

　　钱锺书先生在中国社科院工作的时候是最勤奋的图书馆使用者，他自己的藏书并不多，基本上都是读图书馆的书，退休后不去院里，就请比他年轻一辈的外文所英美室同事代借。他的学问之广博，真的令人向往。外国文学研究所原来设图书馆（90年代中期合并到院馆），我们去借书，常在外文书籍借阅卡片上见到"钱锺书"的签名。原来借书都是要在借阅卡片上签名的。假如在"钱锺书"后面签上自己的名字，会不会有一种虚荣心的满足？而且，很多书卡上记录的第一个读者是钱锺书，只可惜常常没有后借者的名字。据说在读书受到一些限制的时代，钱锺书坚持为社科院推荐海外新书，书到后他首先阅读。海外有几份权威的书评杂志，他是必读的，从中得到书讯。杨绛《干校六记》记述了当年下乡劳动锻炼的经历，那段时期无书可读，是钱锺书一生中的例外。能让图书馆的藏书起到最大作用的读者，永远令人钦佩。在北京钓鱼台国宾馆附近的三里河，改革开放后建了一个出名的小区，钱锺书和杨绛先生在那个小区寓所里安度了晚年。

　　我是1990年进社科院外文所的，有几位同事是钱家的常客，但我一直不敢跟着他们一起去拜访，一怕打扰，二怕出丑。我相信，在钱锺书先生面前，自己的丑陋之状一定会暴露无遗，因此还希望有一张薄薄的纸遮住脸，见面请益的机会却永远失去了。其实求见他的人很多，他说见不见是无所谓的，如果要知道他长相如何，最好是读他的著作。吃蛋就行，何必见老母鸡呢？钱先生1998年去世之后，我经常去三里河看望杨绛先生。钱先生原是西方组的，后因编选宋诗等原因"借调"到专门研究中国文学的文学所。外文所成立于1964年，有好几位老作家，这是民国年间留下来的特点。那个时候做外国文学研究和翻译的人在中国现代文学方面做出的贡献是特别巨大的。我所在的英美室就有几位，除了杨绛，还有一位比较年轻的女作家。是谁呢？冯宗璞，冯友兰先生的女儿。她的大学本科专业是英国文学。还有一位是杨绛先生的同龄人卞之琳先生，他又写新诗，又做翻译和莎士比亚研究。他们都是跨界的，对中国现代文学做出了不起的贡献。英美室另一位成员袁可嘉先生80年代初和外文所几位同事合编西方现代派作品选，这套书共八本，影响了当代中国作家的创作实践。袁可嘉早在西南联大的时候就写诗歌。我有幸进入那样的机构，带有一定的偶然性。钱先生病逝后，每到逢年过节的时候，我会和几位同事去看杨绛先生。她待人亲切、宽厚，一点架子也没有，而且非常风趣。

今天的话题是《反传统的〈围城〉》。我手上这本《围城》是人民文学出版社的版本之一，其他两三种封面设计不同。为什么要讲这个话题呢？现在很多人谈的传统，往往是单向度的，美轮美奂，几乎是理想国。新文化运动发生前后，人们对传统中的负面因素有切身感受，重读《围城》，使人不能遗忘这一点。到了 40 年代，经过持续不断的移风易俗，社会生活已经大大改观，但是长期形成的习惯和价值观，依然支配着很多人的行为。这方面钱锺书认识深刻，甚至吃过苦头。

钱锺书本科就读于清华大学外文系的英国文学专业，毕业以后到上海光华大学教书两年，紧接着考取庚款，留学牛津。他古文有童子功，自己也写，在他同辈人里很难有人达到他的古文水准，读《管锥编》和《谈艺录》，必须在古文上有一定的储备。但他是中外兼通的，也懂多种外文。我今天想强调的是钱锺书尽管与中国文化传统关系比较紧密，但是他毕竟还是那个时代的人，新文化运动给他的滋养是无形的。坪山图书馆今天有一个巴金书信展，内容丰富得超出我的想象，刚才我与坪山的朋友一起参观时还碰到吴筠部长。展上有何其芳写给巴金的信，何其芳就是我们文学所原来的老所长，他身上有着一种混杂性，开始是多愁善感的文学青年，后来参加革命，又从延安到北京成为文学所初创时的领导之一。那时候文学所还有郑振铎，他 1958 年因飞机失事去世。抗日战争爆发以后，郑振铎在上海做了大量文化事业。他年轻时就进入商务印书馆，主编过文学杂志，在文化界起到了核心作用。钱锺书和郑振铎是老朋友。1953 年成立北京大学文学研究所，钱锺书是最早的成员之一。过了几年社会科学部创立，这个文学所成了学部的一员，就是现在中国社会科学院文学研究所的前身。文学所 1957 年创办《文学研究》，过了一两年改名为《文学评论》，是现在的权威刊物。这份杂志最初有英文目录，做得十分地道，我就觉得那是钱锺书的功劳。文章篇名的翻译纯粹是为人作嫁，钱锺书却舍得花时间去做，可见他丝毫没有架子。

《围城》的写作得益于钱锺书外国文学方面的修养，小说里的很多比喻略带欧美修辞的特点，读来有一种陌生化的效果。这样的例子几乎不胜枚举。不过我以为钱锺书和传统文人最不一样的地方是他深知人性的弱点，对自己保持警觉，能和自己开玩笑。我读传统诗词时经常惊讶，诗人、文人对自己的感觉怎么那么好？他们仿佛个个都自以为是做宰相的料，要成就一番大事业，而且这个大事业绝非在图书馆工作，踏踏实实为读者提供方便，服务他人。中国传统诗文有一社会功能，作者期盼用自己的文字让高官或者天子看重他，让他到最中心的庙堂里去做栋梁。比如说韩愈南来广东就很失意，因为离天子太远了。他长于抱怨，而诗文中的怨调历史久远，抱怨者始终觉得自己生于传说中的帝王之家，有天生的"内美"，对自己有一种异乎寻常的友善态度，对周边的人却是藐视的。这类人物写植物世界，凡是美好的，都用来自比，研究者不说这是自欺欺人的虚荣，或是想做大官的巧妙掩饰，反而称道诗人抱负很高，"志怀高远""怀才不遇"。钱锺书写《诗可以怨》，绝无为这类怨调辩护的意思。他主张人不要和自己黏合得太紧，也就是说，一个人应该有点幽默感，不把自己太当回事。观察自己，就会发现自己远非完美。

我趁此机会再强调一下，巴金了不起，到了晚年会忏悔。批判性地审视自己在某段时期的行为，这勇气源自外国文学里得到的滋养。我们何时听说古代文人会忏悔？不会的。巴金经常意识到自己怎样对不起其他人，而不会说社会如何亏待他。传统文人不大会有这样的境界，他们一般喜欢用放大镜来看自己的才能，后人往往受骗。我在评论文章《"不得志"的背后》谈过这个话题。

钱锺书大学读英国文学，这选择本身说明他在某种程度上受到新文化运动氛围的熏陶。不过在小说《围城》里，一些赶新潮的角色也是让人失望的。这不是我今天重点想说的。我近年在想，钱锺书反传统的一面我们是不是有所忽略？尽管他古文运用出神入化，旧学的造诣让人敬佩，但他对传统文化毕竟是有反思的，而且批评还特别多，这是他和新文化运动的前辈先驱一致的地方。新文化运动有些方面过于激进了，如钱玄同主张废掉汉字，走拉丁化的道路，鲁迅学世界语，也是当时的风气。钱锺书不会如此莽撞，但是他在《围城》里用了大量的篇幅讽刺旧文化，同时暗示那些所谓的新派人士，即便出过洋，骨子里还是旧习的奴隶，一心想升官发财。回国的船上，最受欢迎的消遣是什么？——搓麻将。至于读书，也是摆摆样子，功利心太重，缺少真正探求新知的热情；教育改革方面，一些官员只想走捷径，照搬"导师制"，他们对世界一流大学充其量只有皮毛的认识。小说里有的人喜欢用英文，钱锺书是暗暗讥笑的。他笑的，实际上是那些炫耀英文的人英文程度太浅，或者故意用一些美国俚语，还自以为正宗。三四十年代有"本位文化"一说，钱锺书是不以为然的，方鸿渐、赵辛楣和李梅亭等人在去三闾大学的路上经过鹰潭，在镇上小店过夜。第二天吃早点，鸿渐提议切一碟风肉夹了大白馒头吃，同行的几位赞成，说是"本位文化三明治"。钱锺书的褒贬经常流露在这些细节之中。

《围城》并不是一部主张文化本位的小说，面对社会转型，钱锺书的态度是复杂的，对新的思维、新的价值观念和生活方式，他持开放的态度。我来坪山之前，就想有没有可能梳理一下《围城》里对传统文化的反思。

大家千万不要以为方鸿渐的身上有作者自己的影子。钱锺书会开玩笑，他没有点明方鸿渐是何地人士。但是他特意交代，方鸿渐的家乡有什么特产，比如泥娃娃之类，所以读者一看就知道是无锡，钱锺书的家乡。中国传统文化讲究籍贯，人们都得爱自己家乡，夸耀家乡，但钱锺书却拿自己的家乡开一个玩笑，他甚至开自己母校清华大学的玩笑。他说方鸿渐是假冒的外国博士，他的博士证是写信到纽约廉价买来的，那所大学叫克莱登，和清华大学一样有名。这种玩笑或者说幽默感是传统文化不能允许的，你怎么能把自己的书院、师门跟赝品联系在一起，使之名誉受损呢？

我们受电视的影响太大了。电视连续剧《围城》里的陈道明让大家感觉到方鸿渐有风度，自然同情他。小说里的方鸿渐在船上与一位肤色比较黑的女士有所谓的一夜情，两人产生"好感"是因为女士说他长得像她未婚夫，后来方鸿渐见到那位圆脸秃头的男士，吓了一跳，自己跟他一点不像，于是他自以为上当了。但是我们也要拉开与方鸿渐的距离，千万不要以为这是一个受骗的纯洁的人。他身上有种种的毛病，钱锺书在好几个场合是故意让他出丑的。钱锺书常年生活在知识分子的圈子里，他深知这个圈子和社会上其他阶层的人士都是传统和环境的产物，大家都有虚荣心，都会做一些不很体面的事情。

方鸿渐被唐晓芙拒绝的时候我觉得钱锺书落笔很狠。小说里唐晓芙看着他走出去了，心里也有点同情他，眼泪都要流出来了，正好外面在下雨。方鸿渐走到马路对面去，这个时候他应该得到我们的同情，但是钱锺书怎么样说呢？"下雨了他要抖一抖雨，就像狗抖一抖毛一样。"后来在另一场合，方鸿渐为了表示自己有骨气，打算离开周家，准备独立生活。他走出房门的时候，昂首挺胸，表示自己有骨气，不再依靠你们，也不要你们给的工作。他跨出门去，门外有佣人，他一不小心，脚踩到了佣人脚上，弯下腰来说对不起。这些细节剥夺了方鸿渐表现悲情和英雄气概的机会，不利于他的形象。钱锺书常会让他笔下的人物难堪。这种笔法，多见于西洋文学。

方鸿渐是老式家庭出来的，他父亲叫方遯翁，前清举人，这身份可以视为传统文化的代表。日本侵华后，方遯翁带着他的大家庭从江苏到上海住下来，上海的租界那时候相对来说是比较安全的地方，因为日本还没有对英美宣战，后来宣战了，租界的生活也一改往常的面貌，英美人士都关到集中营去了。方遯翁是旧式家长，规矩很多。他认识了周经理，攀为亲家，自作主张为儿子女儿订了婚，两个年轻人却从未见过面。五四运动百年以来，我们的社会和文化、习俗变化太大，年轻人不能想象包办婚姻这种制度怎么会流行这么久。《围城》首先是一部恋爱自由、婚姻自由的小说，尽管结局又让人唏嘘不已。方遯翁作为旧式家长，绝对接受不了恋爱和自主婚姻的昏话。后来听说苏文纨，同意儿子的选择，还搬出"嫁女必须胜吾家，娶妇必须不若吾家"的铁律（钱杨的婚姻就不合这条规矩）。钱锺书描写方鸿渐父亲的方式多少反映了他与传统文化的关系。方遯翁对自己的毛病是意识不到的。比如说他在江苏，日军来了，他不和日本人合作，这固然是有气节的表现，但是他又希望自己因此受到表彰，不然就觉得自己这件事情白做了。结果他没有得到表彰，就颇有一点怨气。这种地方我觉得钱锺书很了不起，他希望做人就要跳出自己的凡躯俗骨。一个人自愿去做某种该做的事，或出于爱心，或出于信仰和责任心，应该不求回报。但是老式的文人图"名"，做一点分内的事就想入非非，考虑自己偏多了一些，境界还是偏低了。传统文化在这方面不是很敏感，个别人物惦记着自己是否能够"青史留名"，英勇事迹的价值就稍稍打了折扣，真正做到无我无私才是难的。

方遯翁这位传统读书人相信测字算命，他还教导后人不能不信八卦，自己遇事就要去占卜。难道远古时代的人先知先觉，能解决后世无穷无尽的现实问题吗？像方遯翁这样的人要做出回答的话，答案是肯定的。可叹的是现在这类人还或多或少地存在着。近些年黄历又流行起来，每日的凶吉宜忌都标得清清楚楚。我这次从厦门来深圳，也应该事先看看黄历再做决定吧！今天这个日子是不是"诸事不宜"？这套阴阳八卦的话语还有不小的市场，方遯翁先生也可以心安了吧！相信"命"会导致一种非常消极被动的生活模式，不过它会给你心里带来一种安慰，但是这种安慰是自欺欺人的。

老话说"修身齐家治国平天下"，方老先生是注重修身的，但是他无法"齐家"。新文化运动期间，传统的大家庭受到挑战，甚至成为批判的对象。个人意识的萌发是鲁迅那代作家所乐见的。《围城》也有很多描写大家庭难处的文字，钱锺书和巴金毕竟还是同辈人。他们都对传统的大家庭与五花八门的矛盾有深刻体会。方鸿渐有两个成了家的弟弟，与父母一同生活，媳妇如果生了女儿，地位就很低下，生个儿子，就可以挺起腰板。孙柔嘉如果婚后不能快快生个儿子争气，她也会受两个姐娌的欺侮。钱锺书和杨绛有一个女儿，我不知道杨绛生了女儿后，公公的反应如何。也许钱基博先生不会重男轻女，但是整个社会很长时间都重男轻女，那段历史我们并没有遗忘。杨绛从小读的是教会学校，传统文化中压制、歧视女性那一套套规矩，她是绝对受不了的。现在我国的性别比例失调，男性太多，说明有文化上的原因。钱锺书写方鸿渐两个侄子（阿丑和阿凶），颇费了一些笔墨；姐娌之间的竞争、妒忌和恶意，他也绝不放过。家，恐怕不是自然而然就和睦的；尊卑有序，也不会促进亲情。方老太太想给孙柔嘉几件见面礼，不料这位新式媳妇没有对着她叩头，她就留下首饰，不送了。方遯翁只说大道理，面对那两个带来纷争的媳妇毫无办法。不能说钱锺书歧视教育程度不高的女性，他眼中所见，是大家庭这一机制中无法规避的结构性弊病。林纾在作于19世纪末的《闽中新乐府》里也感叹大家庭里的一家之主不能平息小家庭里的怨气，没有办法，只得勉强维持表面上的一团和气。新文化运动后，旧式大家庭及大男子主义和包办婚姻一时变成众矢之的，《围城》延续了这一价值趋向。针对大家庭，钱锺书和巴金一样，其实都是反思和批判的。如果说两人有什么不同，那么钱锺书身上理想主义的成分很少，他对普遍性的人自身的毛病体会太深。

　　大家庭里也有冷漠。诸位想一想代沟问题及父子之间的感情交流。方鸿渐带了孙柔嘉回到父亲家，方老太太就觉得很突然，怎么不好好打个招呼，还与这个人订婚、结婚了。新青年在婚姻上自作主张，老派的人有点受不了。但是方遯翁下面说的话又太世故了："我们也算是尽了做父母的责任，曾经替他攀过周家的女儿，这次是他自己作主了，坏也将来怨不到爹娘。"这种话里也带几分寒意，如果真的爱自己的儿子，他也不会这样说话，应该坦诚相见。早早思考以后是不是怪罪于我，这不是基于父子间的亲情，也缺少人和人之间真正的友情。

　　《围城》里很多读过书的新人老人都特别看重头衔，这是传统文化重视功名使然。民国年间的知识分子中，虚构留洋经历和成就的例子恐怕不少，钱锺书的讽刺也是有感而发。方鸿渐是留洋了，但实际上他的博士学位是骗来的。有了这么一张买来的文凭，回家就可以交代，而且还光宗耀祖。他的行为背后有着系统性的压力。晚清废除了科举考试，当时的社会看重留洋，因为留洋就是和传统的功名一样。传统文人要有功名，没有功名就会被排斥在官僚社会之外。当然也有留洋后学到真本领的。清朝晚期称留学生为洋进士，比如说你学了工科，有真才实学，像詹天佑那样的人，回国可以当洋进士。理工科的学位难读，而有些社会科学、人文学科的学位掺有水分，方鸿渐心里非常清楚。钱锺书有仁厚之心，他当时就看到中国知识界太看重洋人颁发的学位，以至于到后来有一些学位是假冒的，这里面牵扯的人未必很少。钱先生留学牛津大学，凭的是实力，考取留英庚款很难。他读的学位叫 B. Litt.（文学学士），很不容易拿。钱锺书那个时代在牛津读过这个学位的英美人士，有的成就斐然，我会写文章做些介绍。我相信三四十年代回国的留美博士较多，假如大学管理机构的人纯粹以学位作为衡量标准，钱锺书的 B. Litt. 就比不过 Ph. D.（哲学博士）了。国内那个时候以学位取人，因此激发有的"聪明人"造假。钱锺书在牛津读书，老师或者学院里的"院士"（英文叫"fellow"）中很多人是没有本科以上学历的（硕士学位只要在大学里住几年就自动获得），头衔无非就是普普通通的"先生"（Mr.），但是个个都有才学。中英学界形成鲜明的对比。

《围城》里反传统的例子特别多，我再回到方遯翁这位传统读书人。我在 20 世纪 90 年代出差到四川某地，那个时候路边有一些闲人主动要为游客看相，说几句好话，你付了钱，他们就开开心心走了，寻找下一个猎取的对象。这样的人和骗子没有差别。有一个人拉住了我，自然是大夸我一番，他说我是文武双全。我手无缚鸡之力，怎么可能是文武双全呢？但是他硬说自己是会看相的。在城市里，我们偶尔还看得到一些流离失所的人在路边收费算命。有一次一位算命大师发现我在关注他，一定要为我算命，我说我自己的命我是知道的，你的命我也知道，你放过我吧。方遯翁就是要看相的，不过他总会从古籍里为各种不好的相找出最佳解释。他的孙子阿丑长得丑，他就想起《荀子·非相篇》说古代大圣大贤的相貌都是奇丑的，就给孙子起学名为"非相"。

传统文化讲究长相，《麻衣相法》一度主宰了人们关于长相与命运的联想。我家里还有一本民国年间根据字体来判断人品、祸福的线装书。"字如其人"同样是毫无根据的瞎说。

钱先生讽刺的笔法，一旦游走到某些领域，现在读来就比较敏感。我不知道如何面对，我是困惑的，这也和大家说一说。因为钱先生毕竟是那一代人，他们知道现代科学的重要性，既然是现代科学就离不开药。去三闾大学的路上，李梅亭行李里有一个铁箱子，其实是有走私之嫌：他从上海的药房里买了很多西药，准备带到内地去高价出售。小说靠后的地方，方鸿渐在香港重逢苏文纨，后者嫁了个"好"老公，他有公务在身，苏文纨与他一起去香港，也趁机买些物资，"总带些新出的化妆品、药品、高跟鞋、自来水笔之类送人，也许是卖钱"。这话是赵辛楣说的，方鸿渐听了大惊，"才知道高高荡荡这片青天，不是上帝和天堂的所在了，只供给投炸弹、走单帮的方便"。苏文纨丈夫曹元朗曾留学剑桥，在政府做高官，每次因"公务"带了夫人从重庆飞香港，都不忘自己发点财。传统的腐败官场，到了民国，还是不改颜色。

钱锺书如何看鲁迅，我们不知道。在某一关键处，他们的观点是相似的。鲁迅怎么看中医？这大概不必多介绍。传统的医药背后有一套高妙的逻辑，会被庸医利用来治病，把人治死了，就说那是绝症，救活一人，人们就相信他是神医。用科学手段来验证这个药方是不是真的有临床效果，就要经过程序严格的试验。通不过临床试验，所谓的偏方神药就露出原形，但是大量成药、方了回避了临床试验这一环节。个中原因是什么，大家心知肚明。庸医能够放心行医，说明政府没有一套管理机制。

所以钱锺书也在批判当时的政府不作为。如果让这些没有经过科学验证的医生堂而皇之地糊弄病人，几乎和大神一样，政府能推卸责任吗？我们这方面要走的路还是很漫长。英国19世纪就已经规定医生要有执照，但是我们的一些边远地区现在是不是还有很多庸医、大神在杀人？方遯翁相信《周易》算命，也相信中药，三媳妇怀了孕，自以为是胀气，不知如何是好。我念几句给大家听听：

　　方遯翁为了三媳妇的病，对家庭医药大起研究的兴趣。他在上海，门上冷落，不比从前居乡的时候。同乡一位庸医是他的邻居，仰慕他的名望，杀人有暇，偶来陪他闲谈。这位庸医在本乡真的是"三世行医，一方尽知"，总算那一方人抵抗力强，没给他祖父父亲医绝了种，把四方剩了三方。方遯翁正如一切老辈读书人，自信"不为良相，便为良医"，懂得医药。那庸医以为他广通声气，希望他介绍生意，免不了灌他几回迷汤。这迷汤好比酒，被灌者的量各各不同；遯翁的迷汤量素来不大，给他灌得酒醉似的忘其所以。恰好三媳妇可以供给他做试验品，他便开了不少方子。三奶奶觉得公公和邻居医生的药吃了无效，和丈夫吵，要去请教西医。遯翁知道了这事，心里先不高兴，听说西医断定媳妇不是病，这不高兴险的要发作起来。可是西医说她有孕，是个喜讯，自己不好生气，只得隐忍，另想方法来挽回自己医道的体面，洗涤中国医学的耻辱。方老太太带鸿渐进他卧室，他书桌上正摊着《镜花缘》和商务印书馆第十版的《增广校正验方新编》，他把《镜花缘》里的奇方摘录在《验方新编》的空白上……翻着《验方新编》对老太太道："娘，三媳妇既然有喜，我想这张方子她用得着。每天两次，每次豆腐皮一张，不要切碎，酱油麻油冲汤吞服……这方子很有道理：豆腐皮是滑的，在胎里的孩子胞衣滑了，容易下地，将来不致难产，你把这方子给她们看看。"（第119—120页）

请注意方遯翁自开的方子以及他的"逻辑"，这是我们似曾相识的"逻辑"。某些地方的人不顾国家禁令捕杀穿山甲，要跟他们讲动物权利或者保护动物的观念没有什么用处，唯一有效的办法就是对这种行为进行法律上的惩处。按照有的说法，吃了穿山甲就有像穿山甲那样的"打通"功能，是为通乳下奶的良药。这背后的联想，不是和方遯翁的一样吗？诸如此类的例子可以举出不少，有的实在不雅，就此打住吧。钱先生那一代人愿意接受科学，愿意接受新知和现代医学，也深深理解到科学的重要性。

关于方鸿渐等人去三闾大学的路线，我再啰嗦几句，与这次讲座的主题不大相干。他们离开了上海，坐船到宁波一带，然后再继续南下，通过金华入赣。当时的钱塘江大桥已被炸毁，所以浙赣线不通。1937年抗战全面爆发，杭州市政府在初冬知道日军已经在金山登陆之后，准备南迁。浙江省在国民党时期是很重要的一个省，最后撤离杭州的机构是杭州电厂，因为南迁之前电厂要继续供电，这个电厂的厂长我小时候还见过，就住在我家附近。他最后一个离开电厂，军方把杭州电厂炸掉，然后他搭政府的车过钱塘江大桥。到达南岸，炸桥工程立即启动。钱塘江大桥是1937年刚建好的，是中国的骄傲，落成的时候茅以升已经在大桥上预留了一个部位，万不得已的时候在那个地方放炸药，可以把大桥炸毁，断绝日军南进的路。想起这件事，心里很难受，也有种悲壮感。

因此他们去湖南，只能走水路坐船到宁波，从宁波再坐公共汽车及各式交通工具。他们买票都通过熟人关系。中国当时地方治理非常不规范，事事要走后门。钱先生生活在上海租界，那里有非常复杂的管理系统，中国现代化的城市管理，要数上海第一，那里有大量的现代化设施，包括卫生设施。如果在上海租界生活过再离开上海到其他地方，就会面临各种生活困难，包括躲都躲不掉的臭虫和跳蚤，《围城》里这些方面讲得特别多。

钱锺书以方鸿渐的视角为主，带我们走过了中国特定时期的一段历史，从地理上、文化上带我们远游了一圈，最后回到了出发点上海。小说中还有大量细节值得在座的诸位继续去挖掘。中国现代化进程取得了如此大的成就，是与清末民初的知识、价值系统转型有一定关系的。现在提倡优秀传统文化，固然有特殊的背景和需要，不过如果忘记方遯翁的荒悖，忘记钱锺书那辈学人和作家对陈腐传统的批判，那也是有点危险的。

理想的春天

——写在坪山图书馆开馆一周年之际

胡洪侠

坪山图书馆开馆一周年了。

多么美好、难忘的一年!

她诞生自春天。她为春天而来。她向春天而去。

博尔赫斯早就说"天堂应是图书馆的样子",我们还要说,图书馆也像春天的样子——无数个"理想的上午""理想的下午""理想的周末"都从这里出发,这里一年四季都是"理想的春天"。

人们夸赞坪山图书馆,说她"正而新、小而精、特而亮、惠而美"。是的,我们希望她这样。

人们说,才一周岁的坪山图书馆就已经长大了,已经远近闻名了。是的,我们盼望她这样。

　　人们还说，坪山图书馆这一年间亮点真多啊：招来了名震全国的馆长，组建了特别能战斗的团队，海内外名家络绎而至，品牌活动结伴而来，共同铸就了一张"近者悦、远者来"的坪山文化新名片。是啊，我们期望这样。我们为此已经忙碌了整整一年。

　　这一切，源于一场又一场美好的相遇：崭新的图书馆遇见了崭新的坪山区，周国平遇见了坪山人，专家委员会遇见了文化新格局，新书遇见了读者，绘本遇见了孩子，第一张读者证遇见了2019年3月23日……理想遇见了春天！

　　是的，因为有美好的相遇，所以有理想的春天。

　　在这样的春天里，我们和您一起祝福：

　　坪山图书馆，生日快乐！